蓮師法要

揚唐仁波切◈教言選集【二】

揚唐仁波切◎開示　卻札蔣措◎編譯

ཨོཾཨཱཿཧཱུྃ་བཛྲ་གུ་རུ་པདྨ་སིདྡྷི་ཧཱུྃཿ

目次

編譯者序

揚唐仁波切的心中，總是有著滿滿的蓮師。

據說，他在遭受無情的批鬥和毒打時，心中想著的不是怨懟和委屈，而總是在默誦著《蓮師七品祈請文》。有一回，他前往位於北印度的蓮師聖地措貝瑪朝禮聖湖時，在眾人皆已熟睡的深夜時分，他獨自一人以大禮拜的方式轉繞聖湖。白天，他望著聖地山峰的蓮師聖窟所在地，在憶念蓮師功德和心懷西藏政教局勢下，於淚流滿面之中寫下向蓮師深深呼喚的祈請文。

還有一次，仁波切的一位老弟子前往錫金拜見他，情誼深厚的師徒倆，從白天到晚上輕鬆愉悅地話起家常。一時，這位老弟子以玩笑的口吻調侃了某個伏藏法門，仁波切突然收起慈藹的笑容，用極爲嚴厲的語氣對這位弟子說：「你怎麼可以這樣說呢？那可是蓮師的聖語呀！」

每逢藏曆初十蓮師殊勝日，仁波切一定會獻上豐盛的薈供，而在每年藏曆六月初十這個蓮師聖誕日，仁波切也會特別主持薈供法會，向蓮師獻上廣大的供養，不論供奉如何隆重，他總會覺得自己供得不多。此外，仁波切屢屢在即席開示中提策弟子們平常要向蓮師祈求、多唸蓮師心咒，參加過仁波切灌頂法會的弟子們，也都難以忘懷在灌頂結束後，仁波切總會引吭領眾唱誦蓮師心咒，一遍接著一遍，聲聲不絕，餘音繚繞。

老人家似乎總是心心念念不離蓮師，平時所唸所修，自然盡是蓮師過去留下的法門，而他的心意中，也時而湧現蓮師埋藏在他相續中的甚深教授。因此，從他實修內證的心意當中流露出來的言教，往往直達人心、深觸修行關要。

本書由〈蓮師心咒要義〉揭開序幕，這是仁波切數十年傳法生涯當中，針對蓮師心咒內涵和功德利益所留下的唯一講授紀錄。這篇開示當中，精要闡述了蓮師心咒與了悟心性本質的關聯，也說明如何實際透過唸誦蓮師心咒來獲得加持、取得悉地，乃至去除疾疫、饑荒、戰亂和人與非人的危害。

對於希欲實修大圓滿和獲得上師加持者，上師瑜伽乃是必備的首要修持法門，〈龍欽寧體上師瑜伽教授〉一章收錄了仁波切對修持上師瑜伽的簡要教授。這也是現存仁波切關於龍欽寧體上師瑜伽的唯一講授記錄。

在〈格薩爾王上師瑜伽講授〉當中，平日供奉格薩爾從不間斷的仁波切，深入淺出地講解格薩爾上師瑜伽，這份開示亦爲世上唯一。格薩爾王乃是蓮師爲了降妖除魔、重振聖教而幻化現世，仁波切一生傳授最多次的灌頂，也正是格薩爾王灌頂。本書收錄了仁波切在台灣傳授格薩爾灌頂時，對於格薩爾所做的簡介，亦節錄他本人彙編的灌頂儀軌裡對於格薩爾的精要介紹。

仁波切曾數度提及，拉尊南卡吉美之淨相法門——〈山淨煙供〉，是歷年來利眾最廣的法門之一，時至今日，世上各地仍有不少行者常修此法。在〈山淨煙供講解〉當中，他直指〈山淨煙供〉外、內、密的扼要處，實爲珍貴的實修指導。

〈揚唐仁波切所著的蓮師祈請文〉一章收錄了揚唐仁波切歷年來在聖地朝聖乃至在國外傳法期間所造的蓮師祈請文，這六篇文情並茂的祈請文可以帶領我們學習以全然的信心向蓮師祈求。此外，本書的附錄裡，附有重新翻譯的上師瑜伽等儀軌，希冀有志修學者在具德上師尊前得到口傳後，依照仁波切闡釋的內容如理修持。

期盼這本揚唐仁波切的教言選集，帶給大家心中滿滿的蓮師。

卻札蔣措

1

蓮師心咒要義

時間：二〇〇八年三月六日

地點：全德台北德噶中心

有一兩位功德主請我開示蓮花生大士心咒的功德利益，我也不知道會不會解釋，就依照我所了解的來解釋了。

接著請好好發心：「爲了使等同虛空的一切如母有情得以暫時安樂，並且究竟得到佛果，我要學習蓮師心咒的功德利益，之後將盡我所能地唸誦蓮師心咒，來成辦利眾之事。」請以如此發心來聆聽。

蓮花生大士的聖號咒語「嗡阿吽班匝咕如貝瑪思帝吽ཨོཾ་ཨཱཿཧཱུྃ་བཛྲ་གུ་རུ་པདྨ་སིདྡྷི་ཧཱུྃ༔」，共有十一個字。若恆常修持此十一字聖號咒語，三世一切諸佛：過去佛、未來佛、現在佛將不由自主地賜予所有加持和悉地，這是蓮花生大士親口承諾的。祂們會不由自主地賜予悉地，主要是什麼原因呢？上師蓮花生大士是三世一切諸佛的化現，所以若唸誦此蓮師聖號咒語，續部和修部當中的一切咒語都總集其中，並非僅僅只是蓮師一尊的聖號咒語而已。一切續部和修部的心要，都包括在蓮師十一字聖號咒語裡面了。寂靜和忿怒天尊，所有不可思議的天尊，所有寂靜尊、忿怒尊的身加持、語加持和意加持，全都融入在這些咒字之中。無限寂忿尊的一切身語意加持，全都融入在這些咒字裡。這就是爲什麼持誦此一咒語，一切三世諸佛便不由自主地傾注加持的根本原因。

這樣東講西講，說不定會花一些時間，我來到這裡也有遲到，所以可能會講到比較晚，請各位不要因此心煩，說不定這些內涵是需要的。如果覺得講得太長而心煩，對於佛法加持注入自己相續會有不利影響。

蓮花生大士的心咒「嗡阿吽班匝咕如貝瑪思帝吽」當中，「嗡」ཨོཾ 的意涵是什麼呢？法身、報身、化身、自性法身等五身和五智，所有這些的意涵都完整包含在「嗡」一字當中。五智和所有諸佛的身加持，此等之身代表、身金剛，五方佛也好，五智也好，身金剛的種子字就是「嗡」，彼等身代表之種子字就是「嗡」。「嗡」字本身有五個成分，象徵著五智和五身。

所謂的「阿」ཨཱཿ，表示一切萬法遠離生、住、滅，諸法皆是空性。「阿」字即爲空性之字，表諸法皆空、遠離戲論之意。雖是空性離戲，心的本性現分無滅，心的本性雖是空性，心之現分無斷滅地升起，此即一切諸佛的語金剛，總集於此字之中。

「吽」ཧཱུྃ是什麼意思呢？我們的分別念，諸如有、無、好、壞，此等二元執取相的一切分別念融入法界而消失後，遠離一切戲論邊。此智慧法身、一切諸佛的意金剛本性，便是「吽」字。

我們的身、口、意三者，在現在的不清淨顯現當中，顯現成我們的身、口、意三者。而在清淨顯現之中，則是法身、報身、化身三者。身、口、意即爲法、報、化三身，除此以外沒有別的法、報、化三身。而法、報、化三身的本性即是用以口誦的「嗡阿吽」這三字。

特別是「吽」字，所謂一切諸佛之意金剛，或是自己心性本質基如來藏，或是所謂的明覺，就是「吽」字。本自俱有的本智、遠離一切戲論邊的心性本質，或是所謂自己的明覺，自己當如何去認識它呢？自己需要依靠上師來認識，而「咕如」就是上師。「班匝」指的是心性的本質，它必須透過上師加持和法訣之力來甦醒，這就是「班匝咕如」之意。

「貝瑪」是什麼意思呢？ 自己依著上師的口訣認清了心性

本質之時，就有如出淤泥之蓮花。蓮花雖出淤泥，卻不為淤泥所染。同理，我們的心性本質，基如來藏，安住在凡夫三毒煩惱塵垢之中，然而它的本性卻完全不受煩惱塵垢所染，正如出淤泥而不染的蓮花。它從本以來就安住著，未曾被煩惱塵垢所染，未曾被輪迴過患所污。認清之際，乃認清從本以來即安住之心性。蓮花雖在泥中，不受淤泥染污，基如來藏這心性本質，雖住輪迴之中，雖與有情相續中的煩惱共處，卻從本以來未曾遭其過患所染。在認清之時，其本來面貌得以顯現，並非新生的事物。自己的心性本質原是佛，復依上師法訣而加以認清，是為「本即佛，再成佛」。

「思帝」是悉地之意。若見自己的心性本質，沒有更勝於此的殊勝及共同悉地。一切悉地當中，最殊勝就是照見自己的心性本質。「吽」是祈請賜予，祈求當下賜予這個殊勝的悉地，是為「思帝吽」，意思是：請於當下賜我此殊勝悉地。

關於蓮師心咒咒字應該有很多不同的解釋，而這是蓮花生大士本人所做的外在層次的解釋。在了解了蓮師心咒的意涵後，自己一心一意寄託在蓮師身上，如此來唸誦蓮師心咒的話，不論唸多久的時間，在那段時間中，就跟實際上與蓮師不即不離地在一起是相同的。這十一字蓮師心咒，與蓮花生大士是無異無別的。在了解心咒內涵後，唸誦蓮師心咒時，唸一個小時也好，還是兩小時、三小時，那段時間就與蓮師無別了。

所謂「不即不離」是怎麼個說法呢？在自然觀看心性本質時，那心性本質不存在為任何事物，非「有」，非「無」，非「既有又無」，亦非「非有非無」。看見那有如虛空般的空朗朗心性本質，即為法身蓮花生，別此無他，這是蓮師親口所說。心性本質雖如虛空，我們所認識到的心之明分無有斷滅，即為報身蓮花生，除此別無報身蓮花生。如此這般的心性本質，本性空，自性明，所謂自己的明覺或所謂的基如來藏，無有差別地安住在所有六道眾生相續當中，此即化身蓮花生。

三身的自性，蓮師三身之本性，是為「嗡阿吽」三字。自己若要認清「嗡阿吽」或自己的身口意三者乃是為蓮師身語意之本性，當於坐著持咒時，將作為眼睛一切對境的所有顯相決斷為天尊，要將彼等決斷為天尊、天尊之壇城。作為耳朵對境的所有聲響，要決斷爲蓮師的語本質。而心上現起各式各樣的念頭，不要視之爲凡庸妄念，要決斷爲蓮師的意本質，而不是將之認知爲是糟糕的。若能決斷一切顯相爲天尊，一切音聲爲語，一切念頭爲意，將得以現證蓮師三身自性或是心性本質。

以上爲蓮師心咒的意涵。在了解蓮師心咒意涵後，我們實際唸了蓮師心咒十萬遍、修持此心咒，會有什麼功德利益呢？以前空行耶喜措嘉請示蓮師說：「未來五濁滋長之時，一切有情因疾病、饑荒、戰亂而飽受煎熬，蓮師宣說了非常多修持儀軌，埋爲伏藏。然而彼等過於廣大，要去唸誦儀軌、舉行法會、進行修持非常困難。五濁滋長時代的有情無法具備那些條件，到那時候，一切有情信心薄小，是故行使如此修持，濁世有情實難具備條件。若有依靠您的蓮師心咒一法即可回遮疾病、饑荒、戰亂、使一切有情得享安樂、傳揚佛陀聖教之方便，請您簡略宣說之！」由於她的請益，蓮師便廣大宣說了僅憑蓮師心咒一法即可在五濁滋長時代平息疾病、饑荒、戰亂之理。

蓮師當時說道，他的這個蓮師心咒並非是他一人之咒，三世一切諸佛、無限寂忿勝尊的心要皆總集在這一個咒語。依此咒語，對未來必將帶來很大的助益。在印度聖域、西藏雪域、南贍部洲有許多大聖地，像是往昔佛陀加持的聖地、成就者們住過的大聖地，或是大寺院，或大山的峰頂，或大湖之濱，或是有很多神鬼所在之地，在這些地方，由自己或是三昧耶未衰損的咒士唸誦此咒，或是僧眾共同唸誦，或是眞正對蓮花生大士、三寶有信心的虔誠凡夫，或具格女子，不論是誰，若能一心虔信蓮師，在大聖地、大寺院、大山頂、大湖湖畔，或是眾多神鬼所在地，舉凡自己或是咒士、比丘、特別有信心者，一心祈求蓮師而唸誦此咒，則必定可以平息濁世的疾疫、饑荒與戰亂。這是蓮師親口所說。

若一心祈求蓮師，發起爲了利益一切有情之廣大心，盡己所能唸誦十一字心咒達千遍、萬遍、十萬乃至百千萬，將可風調雨順，凡有所願皆定實現。各自凡有任何不順遂事，透過祈求蓮師，將可回遮諸不順事。心中凡有所求，若能一心祈求蓮師而唸誦此心咒，一切希求必得實現，此爲蓮師親口允諾。

十一字當中的「嗡阿吽」三字裡，具備了法、報、化三身之字。別解脫、菩薩道以及密乘這三乘，亦總集於「嗡阿吽」三字。這三字有如咒之命脈。藉著「嗡阿吽」之加持力，可淨化我們因貪、瞋、癡所造的一切業、蓋障和習氣。透過「嗡阿吽」，可淨化三毒一切蓋障，藉此得到法身、報身、化身之果位。自己倘若無法實際修持六度，藉由一心祈求蓮師而盡力唸誦，透過唸誦「嗡阿吽」三字的功德利益，可得到實修六度的一切功德利益。

我們如今各式各樣的疾病當中，有的是由於喇嘛、僧人的詛咒而導致的障礙，像苯教也有對人詛咒之術，由於僧人或苯教的法術而導致的各種不順遂，像是對自己投擲兵武朵瑪、回遮等各種法術，這一切均可透過蓮師心咒來回遮。近來有蠻多人說自己遭受詛咒法術的傷害，不論是僧人還是苯教製造傷害，還是任何凡夫製造危害，均可用蓮師心咒來回遮。

一切有情的煩惱勢力極為強大，貪、瞋、癡、我慢、嫉妒等煩惱的勢力強大，若祈求蓮師而盡力唸蓮師心咒，五毒煩惱將會愈來愈小，最後完全消失。未來臨終之際，透過蓮師心咒的加持，將得以投生到法身、報身、化身任一淨土，不會墮入惡趣，不需漂泊六道，進而得到法身、報身、化身果位。若修行者在心中憶念蓮師和蓮師心咒，則絕不會落入地獄、漂泊六道，蓮師將會在中陰階段親自前來，接引至淨土。在蓮師心咒當中，光是「嗡阿吽」就有如此功德利益。

接下來談「班匝」བཛ的功德利益。有所謂金剛部、蓮花部、珍寶部、業部和佛部等五部。一切諸佛，不論是寂靜尊還是忿怒尊，無有不包括在五部之中者。凡是天尊，要不就是金剛部，要不就是蓮花部等等，會歸屬在五部其中之一，不屬於五部的天尊是不存在的。而「班匝」是金剛部的心要命脈，一切金剛部諸佛的心要都總集在「班匝」。天尊當中，有許多是金剛部的天尊，有寂靜的，也有忿怒的。所有金剛部天尊的心要就是「班匝」。

「班匝」也包括了一切嘿如嘎天尊。我們現在有唸很多本尊，像是八大嘿如嘎、忿怒蓮師等等各式各樣的天尊，所有威猛類的本尊都稱作「嘿如嘎」，而一切嘿如嘎都匯聚於「班匝」之中。所以我們如果不唸各種嘿如嘎咒語，若下定決心來唸誦蓮師心咒這一個咒，光是唸蓮師心咒，就包括了一切天尊中所有嘿如嘎的心咒。

特別是由於瞋心而造的罪業、蓋障，諸如殺害有情、對人說惡語等等，我們因爲瞋心而造了各種業，我們大多都是瞋心很重。所有這些透過瞋心而造下的業，會讓我們落入地獄。而因瞋而造的一切罪業、蓋障，可透過「班匝」來淨除。「班匝」淨化了因瞋而造之一切罪業後，轉瞋爲大圓鏡智，在煩惱清淨之時，現爲大圓鏡智。

現今世上發生的傳染病、地震等，來自很多因緣，而有些情形是這樣的：世界上的東、南、西、北、東南、東北、西南、西北、上方、下方等十個方位中住著神祇。彼等神祇倘若不高興而製造傷害，會使有情生病，乃至發生各式各樣的惡緣。其中，乾闥婆（尋香神）住在東方，火神住在東南方。不論乾闥婆和火神製造何等傷害，透過「班匝」即可回遮，避免一切危害，不會被乾闥婆和火神所傷害。最後在臨終之際，依著「班匝」之加持，得以投生在東方的現喜剎土。

「咕如」乃五部當中的珍寶部，珍寶部位於南方，有寶生佛安住著。天尊當中，有些是屬於珍寶部。所有珍寶部天尊的心要都總集在「咕如」之中。而上師及持明等天尊眾，都匯聚在「咕如」之中。論藏與事部之命脈，亦為「咕如」。透過「咕如」，可淨化一切因我慢而造的罪業和蓋障。一切有情由於我慢而造下各式各樣的業，我們透過我慢造了很多業。「我與眾不同！」「我是個專家！」「我有修行！」「我功德大！」「我很年輕！」「我力氣大！」「我位高權重！」「我很富有！」等等這些想法都有我慢。此等一切因我慢而造的業，均可藉由「咕如」來淨化我慢的業。不僅是淨化其蓋障，究竟上還將我慢轉化，現見平等性智。實際上，我慢的本質乃是平等性智，故當我慢蓋障淨化時，即可現見平等性智。

閻魔族住在南方，羅剎族則住在西南方。彼等對於世界或是個人所製造的危害，將無法造成傷害，因為「咕如」可以回遮閻魔和羅剎的危害。在息、增、懷、誅這四業當中，增業可增長壽命、獲大福報、得大受用、享大名聲、擁大權勢，凡此種種有許許多多都屬於增業。藉由「咕如」將可成辦這一切增業。未來在臨終之時，我們可透過「咕如」之加持趣往南方具德剎土。

在四種持明當中，將得長壽自在持明。若得長壽自在持明，想在世間活多久都可以。於壽命未得自在時，我們不由自主地被死主閻魔牽著走，今天會帶我們走，還是明天帶我們走，對於何時才被死主閻魔帶走，我們不得自主。而得到長壽自在持明後，死主閻魔就無法掌控，我們將可掌控，我們想活多久都可以，甚至在世界還沒毀滅之前都想活著也可以。透過「咕如」，可得此長壽自在持明，以上是「咕如」的部分。

「貝瑪」有什麼意涵呢？在五部天尊當中，蓮花部所有天尊的心要，都總集在「貝瑪」當中。有不可思議的空行，諸如空行和瑪嫫等等，有很多不同種類的空行，而屬於空行類的一切天尊，都匯聚在「貝瑪」之中。上師、本尊、空行之中，「班匝」包括一切本尊，而「貝瑪」總集了一切空行。

九乘次第當中的行部、瑜伽部之命脈乃是「貝瑪」。透過「貝瑪」，得以淨化一切因貪而造的諸業。我們凡夫心中，貪財、貪食、貪權位等等，乃至對男、女有貪念，不論所貪為何，由於貪著過大而流轉於輪迴。所有由貪而造的一切業，可藉由「貝瑪」一字來淨化。不僅淨化了貪欲的業和蓋障，貪欲轉化之後，現為妙觀察智。

在世間的西方住著水神，在西北方住著風神。這兩者對於世界或是個人所製造的一切危害，可透過「貝瑪」來回遮，免於受到傷害。在息、增、懷、誅這四業當中，透過「貝瑪」可以成辦懷業。懷攝三界神、鬼、人，乃至懷攝世間錢財、物品，此等是為懷業。這一切懷業都可透過「貝瑪」來成辦。

在我們臨終之際，藉由「貝瑪」可投生西方極樂世界。在四種持明當中，可得大手印持明。得到了大手印持明之後，不論想行使什麼利益眾生的事業，都能夠成辦，就如同蓮師一般利眾。現今很多人在想說：我所作所為是否能夠利益眾生。若想利益眾生，獲得大手印持明果位，便可廣大利眾。以上是「貝瑪」的部分。

「思帝」是業部的心要。一切業部諸佛的心要都總集在「思帝」當中。有各式各樣的贊巴拉財神，有各種可使我們獲得世間悉地的財富天神，而一切財富天神的命脈即為「思帝」。如今我們希求財富受用，都會求財神，唸誦贊巴拉、咕嚕咕咧等等，我們有在唸很多財神，而一切財神的命脈總集於

「思帝」。藉著唸誦「思帝」，即使沒有唸誦很多財神法，蓮師心咒當中的「思帝」也已包括了所有的財神。

「思帝」乃是九乘當中的瑪哈瑜伽和阿努瑜伽之命脈。由於嫉妒而造的一切業，像是對於他人擁有錢財、食物心生不喜，對於他人快樂、具有功德感到不開心，這些都是由於嫉妒所致。此等一切由於嫉妒而造的業，都可由「思帝」來淨化。究竟而言，不僅是淨化了罪業，未來嫉妒將會轉化，現爲成所作智。

世間的北方住著藥叉族，東北方住著具權族，此二者對世界和個人製造的危害，可透過「思帝」來回遮這一切傷害。透過「思帝」，可以以任何事業作爲，特別是以威猛誅業，來調伏傷害佛陀聖教和有情安樂的暴惡有情。此外，對於各自想要完成的事項，透過「思帝」得以成辦，乃是成辦佛行事業最殊勝的方便。

「思帝」包括了殊勝及共同悉地。殊勝悉地指的是像佛果位，或是像觀見心性本質。共同悉地則是五花八門，在世間上想做任何事，都能如願成辦，是爲共同悉地。像是想要施展各種神通幻化，增長財富受用等等，這些都屬於共同悉地。這一切殊勝和共同的悉地，都可藉由「思帝」來獲得。

透過「思帝」的加持，在臨終時可以投生到北方不空成就佛的勝業剎土。在四種持明當中，將得任運成就持明的果位。任運成就持明即是佛果位。顯教當中，提到從初地開始，到第十一地遍光地乃稱爲佛果位。密道當中提到四種持明，從異熟持明、長壽自在持明開始，到任運成就持明即如同佛果位，以上是「思帝」的部分。

接下來談「吽」字。五部包括了金剛部、珍寶部、蓮花部、業部和如來部。一切如來部天尊的心要乃是「吽」字。東方金剛部，南方珍寶部，西方蓮花部，北方業部，中央爲如來部，而中央如來部之心要即爲「吽」字。護法的命脈亦爲此「吽」字。我們現在都有在唸誦護法，像是羅睺羅、格薩爾、紫瑪等等，我們有唸很多，無餘護法的命脈乃是「吽」字。如果自己下定決心，對蓮師有信心的話，即使沒辦法唸很多護法，靠著唸蓮師心咒就可以了。

大圓滿阿底瑜伽的命脈即此「吽」字。「吽」字對於增長現證大圓滿義理的智慧有很大幫助。所有煩惱，諸如貪、瞋、癡、我慢、嫉妒和慳吝等等，除了所有這些煩惱之外，一切煩惱障和所知障，均可藉由「吽」字來淨化。

「吽」字尤其能成辦一切誅業。威猛的誅業指的不是亂殺人，而是若能消滅破壞佛陀聖教及眾生安樂者，將有功德利益。若要消滅一切邪惡對象的思想，可藉由「吽」字來成辦一切誅業。來自神、鬼、人的各種詛咒，均可透過「吽」字來回遮。

各自不論是此世的目的或是來生的目的，全都可以透過「嗡阿吽班匝咕如貝瑪思帝吽」這個咒語來成辦。自己內心對於此世的各種想望以及對於來世的希求，均可透過「吽」字來成辦。未來在臨終之時，可透過「吽」的加持，在中央無別剎土或是密嚴剎土裡，投生到大日如來的尊前。在四種持明當中，種下了異熟持明的種子。煩惱障、業障、所知障全部清淨之後，得以趣入異熟持明之地，罪障皆清淨，稱爲異熟持明。

「嗡阿吽」是三身的種子。「班匝」「咕如」「貝瑪」「思帝」「吽」五者爲金剛、珍寶、蓮花、業、如來等五部。各式各樣的佛、菩薩、寂靜尊、忿怒尊，這林林總總的天尊，舉凡唐卡上畫的天尊，百千萬億，不可思議之多。所有這些天尊，要不是屬於金剛部，要不就是如來部、蓮花部等等，沒有任何天尊是不包括在五部裡面的，必定是屬於某一部。而這五部都包括在「班匝」「咕如」「貝瑪」「思帝」「吽」裡面。所有天尊的心要，就是「班匝」「咕如」「貝瑪」「思帝」「吽」，所以只要唸誦「班匝咕如貝瑪思帝吽」，就等同唸了所有寂靜尊或忿怒尊，唸這一個就足夠了，所有意涵都涵括其中。

如前所說，蓮師心咒並不是蓮花生大士單獨一尊的心要，而是包括了所有天尊的心要，是三世一切諸佛的心要。如同前面提到「班匝」「咕如」「貝瑪」「思帝」等的意涵，這是無限寂忿尊的所有心要、加持、神力全都總集在此咒的根本原因。所以如果自己對於蓮師真有圓滿的信心，真的有將心思寄託在蓮師身上，那麼單憑唸誦蓮師心咒這一個咒，便可成辦此世與來生的目的，這一個咒就足夠了。

唸誦蓮師心咒「嗡阿吽班匝咕如貝瑪思帝吽」一遍的功德利益是什麼呢？功德利益是沒有形體的，如果有形體的話，整個贍部洲也裝不下。如果眼睛看到了蓮師的「嗡阿吽班匝咕如貝瑪思帝吽」咒語，在相續中有圓滿的深切信心前提之下，眼睛看到了這個咒語，或是耳朵聽到了「嗡阿吽班匝咕如貝瑪思帝吽」的咒音，或是心中憶念蓮師、蓮師心咒，透過眼見、耳聞、意念，未來將必定入持明之列。印度和西藏有許多執持明覺之持明，而什麼是持明呢？就是現證了如來藏。明覺就是自己的心性本質，已見明覺本質者，就稱爲持明。總之，將可入持明果位之列。

應當在山峰頂上唸誦，或是在大聖地唸誦，或是在大寺院裡唸誦，或是在大湖畔、有大水流聲之處唸誦，需要了解唸誦的場所。而需要怎麼樣的唸誦者呢？需要的是沒有毀損密咒戒者，或是需要好的外別解脫戒，如沙彌和比丘戒，或是雖爲凡夫，對蓮花生大士、三寶具有信心者，是老先生還是老太太都沒差，需要的是具有信心。

如此這般的具有信心者，若在山峰頂、大聖地、大寺院、大河畔，一心虔敬對蓮師具有信心，有廣大利益一切有情的意樂，於勝菩提而發心後，若能唸誦百遍、千遍，乃至百千萬遍，必定可以回遮世界上的所有疾病、饑荒和戰亂。唸誦的場所與唸誦者所需的條件，以上已做了解釋。現今有風災和地震造成的許多災難，還有人說二〇一二年會是世界末日，總之有很多大災難。能夠回遮一切災難的方法裡面，應該沒有比這個咒語還要更好的了。

世界上有很多人在想：要幫助有情該用什麼方法比較好？要如何消弭世上的戰爭和饑荒？有這樣好想法的人很多，有菩提心的人很多。既然如此，蓮師已說沒有比這個咒語更好的了，所以所有人若能一心對蓮師生起信心、盡力唸誦蓮師心咒，不論對於自身和世界，對於南贍部洲也好，還是對於我們台灣這個地方也好，在回遮危害、障礙、違緣的方法裡面，沒有比這個更好的了，請大家好好來思考。

自己如果能夠唸誦蓮師心咒，好處就不用說了。如果沒辦法唸，可以寫在布上，現今很多都有印出來在販賣，不需費力就可以取得。總之，若寫在布上，置於山上，風吹過這幡旗，這風不論吹到哪個有情的身體，並不是馬上就能解脫，而是未來必將得到解脫，必定可以終結三界輪迴。風不論吹到哪個有情，不論是人還是動物、神、鬼等，那個有情未來將會解脫。

或是在石頭、木頭上寫下蓮師心咒的咒字，經過良好的開光，開光之後放在人們看得見的地方，像是放置在路上，不論誰看到，若能生起虔誠信心是最好的，若在看見時能生虔信，將可淨除疾病、魔擾、罪業和蓋障。自己若有病在身，或受妖魔干擾乃至有蓋障纏身，均可藉此被淨除。就算沒有生起信心，僅僅眼見蓮師心咒，也會種下未來從三界輪迴中解脫的種子。

不論是放置一個有蓮師心咒的石頭還是幡旗，就能阻止住在那個有蓮師心咒之地的鬼怪和羅剎製造傷害。鬼怪和羅剎有他們行走的路，人如果走到神鬼的路，馬上就會昏厥或死亡。如果走到神鬼往來的路上，就會發生這樣的事，他們會馬上製造傷害，而我們並不知道神鬼的路會是在哪裡，他們行經之路跟人走的路是不同的。若在該地有蓮師心咒，則不會誤入神鬼之路，可以阻斷神鬼往來之路。不僅如此，若神鬼前來，一見到蓮師心咒或是僅僅接觸到吹拂蓮師心咒的風，相續中將可生起菩提心，不會傷害有情。

除此之外，若在石頭上刻蓮師心咒後，拋入大海、大河之中，住在海中或河中的眾多生物，身體直接觸碰到那石頭，或是觸碰到流經那石頭的水，未來必定得以從三界輪迴中解脫。若在紙上寫下蓮師心咒，經過開光後，掛在脖子上或是繫在身上護身，任何妖魔鬼怪和羅刹都沒有辦法傷害，可以回遮疾病和妖魔的危害。

特別是現今有一兩種骯髒的疾病❶，科學家怎麼解釋我是不知道。從佛法的角度來說，在虛空之中有一種蟲，這是來自虛空的一種蟲。這種蟲並不是由物質、四大元素所組成，而是光的型態。這種蟲非常微小，呈現彩虹和光的型態。世上耗盡福德與權勢的人，身體會馬上遭到這種蟲的入侵。若遭此蟲入侵，則會患上此骯髒疾病。如果在脖子上掛著蓮師心咒，自己若有唸咒，就不會被這種蟲入侵而得以避免患病。

若在布等物品上寫下蓮師心咒，繫在身上，不相分離，活

全書註釋皆為編譯者註：

❶此處應指癌症。

著的時候不離身，死時不離遺體，火化時，遺體會出現彩虹。死亡之後，必定會立刻投生到西方極樂世界或是銅色吉祥山等淨土，與頗瓦法沒有差別。

以上大概講解完了蓮師心咒。不論是蓮師心咒的解釋也好，還是蓮師心咒的功德利益，並不僅限於此。這是不可思議的，如果不是我，而是由一位博學者來講解的話，各位大概晚上不用睡覺了，會講到明天天亮去了，但是我沒有辦法那樣廣大講解。

總之，蓮花生大士的恩德是不可思議的，怎麼說呢？他乃是我們的導師釋迦牟尼佛的再來人。在這世上開創佛法者是誰呢？就是本師釋迦牟尼佛，佛法是由他開啓的。他在即將進入涅槃的時候有授記，將會在入涅之後八年，於西南牛奶湖上降生爲一位比他自己還要更超勝的士夫。所以說，蓮花生大士是釋迦牟尼佛無錯謬、無虛妄的再來人。佛陀曾親口承諾，蓮花生大士的恩德將比他自己還要浩大。事實上，在未來，沒有比蓮師對一切有情恩德還要更大的了。

蓮師安住在印度聖域時，他的住所乃是岩窟，可不是住在像我們的家那樣舒舒服服的。他雖然身在洞窟，但他的心觀視著南贍部洲等同虛空的一切如母有情，關注世上一切有情的安樂情況如何、如何讓他們安樂、他們痛苦的緣由是什麼，如此以心觀視著他們，蓮師對世上一切有情實在是恩德浩大。爲了眾生，他幻化出蓮師八相、忿怒蓮師、成就者等各種形相來利益有情，主要是去除南贍部洲一切有情的所有惡緣、障礙，使他們未來究竟得到安樂，他千辛萬苦主要就是爲了我們。

世上有很多鬼怪、非人、天龍八部等等，過去他們都是在吃有情肉、喝有情血、取有情命，很多地方都有。蓮花生大士可以看到他們居住的窩，知曉他們的所作所爲、如何對有情製造傷害。他們殺害很多有情，傳播各種疾疫，此等頑劣有情不論居住在什麼地方，蓮師立刻拋擲手中金剛杵或是放光，或是施展神通前去，即刻消滅所有傷害有情的暴惡神鬼。他在安住在印度聖域時，便如此辛勞地利益有情。

在前去西藏雪域時，調伏了往昔一切諸佛、菩薩、成就者未能降伏的神鬼。各位不懂藏文，所以並不知曉蓮師的生平行儀。蓮花生大士在印度時期的歷史，還有前去西藏的歷史，全都記載在很大部的經函之中，裡面敘述了他降伏神鬼的歷史、調伏惡劣鬼怪的歷史、讓一切神鬼立誓的歷史，有如此不可思議的歷史。如果不是蓮師如此千辛萬苦，是不會自然而然有這些成果的。

爲了我們這些有情，蓮師閉關多年，如前所述，首先得到異熟持明，接著在成就長壽自在持明、大手印持明、任運成就持明的果位之後，得以利益一切眾生。如果一開始不這樣辛苦，就沒有辦法利益到有情。爲了利益有情而辛勞，在印度和西藏安住時期，爲了降伏一切神鬼而付出非常大的心力。爲了南贍部洲一切有情的安樂，他付出了相當大的心力。所以說，我們應當要知曉蓮師的大恩大德。

爲了使未來一切有情長壽無病、得享安樂，使我們得以成辦息、增、懷、誅之業，蓮師傳給我們許多天尊修持儀軌，包括息業天尊、增業天尊、威猛誅業天尊等很多修持儀軌。每個天尊的修持儀軌，又有使我們無病、長壽、培福、增富等等方便。他將如此這般相當多的法門寫成文字，埋爲伏藏，寫成了很多經函。蓮花生大士宣說了法門後，交給耶喜措嘉等五、六位弟子寫成文字，他們寫好文字後，在南贍部洲各處山、岩、湖、虛空，埋藏成爲伏藏。這乃蓮師心繫未來的一切有情，爲了讓他們長壽無病、安樂圓滿，究竟得到佛果位，而埋藏了眾多伏藏。其中有許多法本伏藏和物品伏藏，像是珍寶伏藏、天尊身語意之所依等等，爲數相當眾多，不可思議。爲了不讓世界衰沒，埋藏了相當多的伏藏，此中需要付出相當大的辛勞。埋藏伏藏的根本原因，就是爲了利益未來眾生。爾後由伏藏師們取出的伏藏品，均是由蓮師所埋藏的伏藏。像是金剛杵、普巴杵等等很多伏藏品，全都是蓮師所埋的，而眾多的法本伏藏，也都是蓮師的伏藏，這些全都是爲了我們這些後世有情而埋藏的。蓮師對於我們有大恩的主要理由在此。

現在，他已前去西南羅剎境，他之所以要去壓制羅剎，是因爲如果不壓制羅剎，所有西南羅剎會跑來南贍部洲把人類全都吃掉。所以蓮花生大士才前去西南羅剎境，威震一切羅剎。所有羅剎沒有求法的心，對佛法也沒有信心。羅剎王名爲惹夏圖巴，他有三頭六臂，只要是他說的話，所有羅剎都服從奉行，對羅剎王具有強烈的恭敬和信心。蓮師從桑耶前去西南羅剎境，施展神通，超度羅剎王惹夏圖巴的神識後，自己進入了羅剎王的軀體。所有羅剎並不知道那其實是蓮花生大士，仍以爲那是羅剎王惹夏圖巴，依然對他所說的話百依百順。

蓮花生大士慢慢宣說一切顯密法要，所有羅剎的心也慢慢轉變，他們直到現在還以爲那是羅剎王惹夏圖巴，並不知道那是蓮師。蓮花生大士就是如此爲了利益有情，而示現種種幻化。透過這種方法，才使得所有羅剎趣向佛法，如果蓮師顯現眞身，他們就不會聽他說法了，如此一來，要壓制羅剎就難了。這是爲什麼蓮師現在要住在西南羅剎境的根本原因，是爲了我們而住在那裡的。

過去西藏魔類橫行之時，蓮花生大士化成格薩爾王，殲滅一切妖魔，此中也付出相當大的心力，不分晝夜參赴許多戰事，跟許多王國作戰，最終殲滅魔敵。這也是出於蓮師的一份大恩。未來，有名爲日登查波的鐵輪王。屆時會有厲害的妖魔現世，到時候在北方香巴拉有具足佛法功德的持明鐵輪將率兵前來，而持明鐵輪王又是何許人呢？他也是蓮花生大士。他化現爲持明鐵輪，約將在兩百年後率北方香巴拉軍隊前來。所以說，蓮師在開始階段、中間階段、最後階段這三個時期，都以大悲觀視著南贍部洲的有情，各位應當加以了解，不能忘記。蓮師對我們恩德如此之大，我們應當看看是否能夠稍稍報答他的恩德。❷

一切上師、一切本尊、一切空行、一切護法、一切財神總集的本質，就是蓮花生大士。請各位要下定決心，一心祈求蓮師，生起全然的信心，想著：「蓮師，除了您之外，我別無寄託、別無救護，我們在此世與來生，寄託和尋求庇佑的對象就是您！請您知曉！」如此一心虔信，唸誦蓮師心咒、祈求蓮師。藉著這一個方法，我們就可得到佛果，藉此便可去除此世與來生的惡緣和障礙。除此以外什麼都不需要！各位若能下定決心是很好的，除此以外，我完全沒有要講的了，已經十點

---

❷講到這裡時，隨侍的弟子提醒仁波切，已經是晚上十點了。仁波切聞畢後回答說：「反正都沒差。」頓時全場哄堂大笑。

了，我就講到這裡，現在來傳口傳。❸

---

❸這篇開示是根據現場錄影的內容，將仁波切的開示重新逐字直譯為中文。非常感謝曾建智提供的影片。這場開示的影片也以「多芒揚唐仁波切主講蓮師利益與功德全記錄」為題，分為十六個段落發布在 YouTube 網站中。

2

龍欽寧體上師瑜伽教授

時間：二〇〇六年一月十九日

地點：寧瑪巴噶陀龍稱顯密佛學會

今年要講的是上師瑜伽。[1]共同外加行包括四個部分：暇滿難得、壽命無常、輪迴過患、業因果。不共的內加行則包括了皈依、發心、金剛薩埵以及供曼達，這些已經在之前講述過了，緊接在後的是上師瑜伽。

但是，在走到上層法類時，仍然需要修持下部之法。例如在修不共內加行中的皈依或供曼達、修金剛薩埵等，平時仍不可中斷外共同加行的「四轉心法」之修持。要先走過四轉心法，才接著修皈依或是曼達、上師瑜伽等等，每天都必須要去思惟。這樣做的話，會實際對我們的心有所幫助。怎麼說呢？若能了解暇滿人身寶難得之理，就不會浪費我們現在得到的人身，這對於我們進入正法之門是有幫助的，有助於讓此人身具有意義。

若有好好思惟壽命無常，我們就不會散亂，得以趣入正法，有此幫助。若有思惟輪迴過患，就能知曉輪迴的本質乃是痛苦，有著厭離輪迴貪著的目的。若能善加了解業因果，就能

---

❶ 上師瑜伽法本請見附錄一。

知曉修行佛法、行善會有功德利益、造惡將會導致痛苦，具有讓我們妥善了解業因果取捨之理的目的。

我們不論在實修什麼法，在開始時都必須好好思惟這「四轉心法」。雖然現在修持四轉心法，對心有少許幫助，如果過一陣子把它丟在一旁不修了，心就會鬆懈，所以不讓心鬆懈、為了讓修行變好，要好好思惟四轉心法，每天一早就應思惟。以騎馬為例，四轉心法有如馬鞭一般，可鞭策馬匹往前跑，對於防止心思散亂、讓心趣入佛法之道是有幫助的，以上是關於共同外加行的部分。

而在不共內加行裡面的皈依和發心這兩個部分，不要與自心分離，不論是修持上師瑜伽還是自己修的任何法門，都不能不以皈依、發心二者為起手式。開始時，可以唸諸如「諸佛正法賢聖三寶尊」的詞句來皈依三寶，平時我們都應該要修持皈依，要對三寶有強烈的深切信心，最開始要修學這個。接著為了利益一切有情而發心，之後才去修自己實際要主修的法，需要依循次第而行，首先應要以共同外加行來淨治心思，接著以皈依、發心作為基礎，然後才進入自己要修的任何法門。

接下來是上師瑜伽。在實修上師瑜伽時，首先應以四轉心法來淨治相續，以皈依、發心立基，接著才進入上師瑜伽。對所有光明大圓滿的實修者來說，上師瑜伽乃是首要實修項目。上師瑜伽是不可或缺的，一切實修之中最主要的即是上師瑜伽。自己若要了悟大圓滿之見，要在相續當中實修大圓滿的見地，其無錯謬之方便、一切道的最究竟者，就是上師瑜伽。

我們需要思惟三界輪迴的痛苦，想著：「爲了從三界輪迴的痛苦解脫出來，我要實修純正的正法。」接著要尋找一位眞正圓滿的上師，在得到一位具相的上師後，依教奉行，這是修行佛法最主要的部分。

我們如果想要學得經論，想要學習各種科目，可以依止喇嘛、依止堪布，去依止平凡的上師是可以的。自己想要學習的功德，不論是一點經論，一點續典，還是想要學習密法，總之，爲了自己需要學習的科目而去依止喇嘛、堪布是可以的。修行者若是眞正嚮往從三界輪迴解脫後得到佛果位，而想要實修大圓滿，那可就不能依止個普普通通的上師了，不能只是在經論上面學有專精而已，必須是位有證悟的上師，必須尋得這樣眞正圓滿的上師，一般的上師就不行了。必須是有證悟的上師，眞實具備圓滿了悟見地的功德，具有未間斷的傳承，具有圓滿的證悟。

如果是位眞心想修行正法的人，就必須依止眞正圓滿的上師。然而，不論是哪一位上師，既然是穿著佛陀世尊傳下來的袈裟的僧人，我們對他們任何人都必須抱持信心，不能退失信心。退失了信心，只會對自己的解脫道造成障礙、造下罪業。不論對象是誰，若能具備信心，對於得到解脫有很大的幫助。所以不論對象是誰，都要虔誠以待。

如果自己眞的想要實修大圓滿，要依止一位不共的上師、與眾不同的上師，必須要對上師有全然的信心，這種信心不同於對一般上師、僧人的那種信心。所謂全然的信心，就是：「不論是生是死，不論遇上何等苦樂，除了依止上師您之外，我不會尋求其他寄託和庇護者。」必須要有虔誠、恭敬、全然的信心。

各位大概都是大圓滿的實修者，既然需要眞正圓滿的上師，如果依止像我這樣的上師是不行的，需要一位圓滿的上師。像我這樣的，只是會講解上師瑜伽，但內心若無證悟，就不是圓滿的上師。現在不論是在印度還是西藏等地，具相的上師是相當稀少的。得到光明大圓滿的教授，真正嘴巴能夠講解的乃不乏其人。然而實際上，上師需能將證悟傳輸到弟子相續中，而這樣的情形是很稀少的。

舉例來說，這個寶瓶是空的，必須從另一個有水的寶瓶來加水。可是如果另一個寶瓶裡也沒有水，那當然就無法加水。同理，上師的心相續當中必須是滿滿的功德和證悟，要不然要怎麼傾注給弟子？嘴巴會說空話則是大可不必。上師若要將心續中的加持傳輸給弟子，上師自己必須要具備功德，不然也沒有什麼可以傳輸的，而這是相當困難的。

這裡面還有差別，具備功德的上師應當要如同虛空一般。怎麼說呢？上師心相續的加持不論如何傾注給弟子，上師心相續的功德依然完好。若非如此，經論中有提到，如果上師證悟了一點點見地，然後對他人傳法，上師加持了弟子之後，他自己也會空掉。所以，需要的上師乃是一位圓滿的上師，要不然對他人傳了法，上師自己反而乾枯了。

在續典裡有提到，五濁滋長之時，具相的上師很稀少，難以尋得。在難以尋得之時，若根本找不到具相上師，往昔證果的聖士夫、上師，有許多出現在雪域西藏，我們有聽過很多上師的名號。在他們當中，如果聽到其中一位的名號時，不論是往昔印度的上師還是西藏的上師，在聽到名號時，如果有讓自己想著「我誠皈敬！」、生起不同凡響信心的上師，那位上師可能就是你宿世的上師，應向那位上師祈求。在五濁滋長之時，在完全找不到具相上師時，若遇上讓自己有全然信心的往昔上師，也可依止爲上師。此爲續典所說，不是我杜撰出來的。

現在是談上師瑜伽，所以就要談上師有關的內涵，首先找到一位眞實圓滿的上師是很重要的。我是會講解上師瑜伽的修持，但各位需要尋找眞實圓滿的上師。在印度聖域，諸如貝諾法王等上師仍然安住著，康區也有好上師安在。但要到他們的尊前求法、求法訣是有困難的。所以由我來講解是可以的，不過各位在修持的時候，應當觀想著往昔印度聖域或是西藏雪域具足加持和證悟的上師們，不論是對哪一位有信心，就可以依彼爲上師。講解的部分我可以講，但是各位祈求、觀修的對象，主要應該是往昔上師當中，讓你覺得心裡面有特殊信心的上師，這樣才好。

如果自己眞的得到了一位具相的上師，當具有證悟的上師與具有信心的弟子相會，那麼大圓滿的見地肯定會傳輸到自己的相續裡，如此一來便可了悟見地，若非如此，要證悟會是困難的。如果上師的加持和弟子的信心這兩者都不具備，那可就非常困難了。

在得到具相上師之後，依止這位上師來修持上師瑜伽。在下續部的瑪哈瑜伽當中，有闡釋很多關於觀修天尊、生起次第的內容。在阿努瑜伽當中，則提到很多圓滿次第的相關內容。不論修了多少生起次第和圓滿次第，觀修上師或是修持上師瑜伽，猶勝於彼。在得到佛果位方面，修持上師瑜伽是更爲超勝的。在續典當中提到，一個補特伽羅經過好幾十萬劫觀修天尊，與此相比，一剎那之間心念上師、向上師祈求，更爲超勝，前提是這是一位具相的上師。

若眞心想要修持光明大圓滿、獲得佛果，就必須要依止上師。在所有下續部，像是瑪哈瑜伽和阿努瑜伽，首先觀修天尊、唸誦天尊咒語，在修持很多天尊和咒語後，天尊賜予殊勝和共同的悉地，藉此得到佛果位。這種修持完全仰賴天尊，期待天尊賜予自己殊勝和共同的悉地後，自己得以獲得佛果位。而光明大圓滿則非如是之道，僅是依靠一位上師，沒有以上的期待。

阿努瑜伽當中，是期待依著脈、氣和明點的修持，在淨化了現在不清淨的脈、不清淨的氣、不清淨的明點之後，最後將脈、氣、明點轉爲清淨的智慧，成就脈化身、氣報身、明點法身，以此得到佛果位。而大圓滿則沒有期待仰賴脈、氣、明點來得到佛果位。

那麼大圓滿本身的修持方式是如何呢？它是如何以大圓滿爲道來得到佛果呢？從法身普賢王一直到自己的根本上師之間，有相當好的傳承，而且此傳承未被三昧耶的過失所染，依靠如此具相的上師，對上師生起全然的信心，上師的意與自己的心成爲無別之後，使光明大圓滿的實修達到究竟。除此以外，並不需要依靠其它的修持。

續典當中有提到，觀修具相的上師，不論是觀想他在自己的頭頂也好、心間也好，不論觀想在哪裡，此人將會獲得十方一切諸佛、上師、本尊、空行、勇父的悉地。僅僅透過向上師一尊祈求，將會獲得一切諸佛、一切本尊、一切空行、一切護法、這些所有天尊的悉地。

倘若沒有具相的根本上師、沒有圓滿的全然信心，就算再怎麼樣精通經論、再怎麼精通各種學識科目，也沒有絲毫意義。舉個例子來說，那洛巴尊者是印度的一位班智達，他精通五明，所有經論無不通曉。博學如他，可以消滅所有外道，但是一位空行母卻授記說：「你雖精通經論，卻不精於實義，仍須依止上師。」於是那洛巴尊者就依止了帝洛巴尊者。像他這樣的博學者實在非常稀少，知曉所有學科、精通一切經論，甚爲稀少。儘管如此，天尊還是授記道：「你不過是精通學科而已，並不精通眞正的內涵，仍須依止上師！」空行母如此授記後，他前去依止成就者帝洛巴，在帝洛巴尊前，歷經十二大苦行、十二小苦行，上師的證悟仍無法傳輸給他。後來上師用鞋子打了他的頭，上師的證悟這才眞正傳輸到自己的相續裡。可見就算博學，要在相續中生起證悟是困難的。

有非常多關於依止上師的過往歷史，我們沒有時間去講述。由於沒有依止上師而未能在相續中生起證悟的歷史，像是大譯師毗盧遮那等等非常多公案，我們沒有時間去說所有的歷史。總之，主要是取決於上師，接下來我會講述如何修持上師瑜伽的方法。

在尋得了具相上師，而要實修上師瑜伽時，該如何修持呢？首先要明觀上師資糧田。在觀想上師資糧田後，要在上師尊前累積資糧。在七支供養之後，是要在對上師有全然的信心之下進行祈求，將依次進行這三個階段。

在修持上師瑜伽時，自己身體以跏趺而坐，首先要具備於勝菩提而發心的意樂，接著是淨治淨土，修持清淨觀。不論是自己的住處也好，或是任何凡庸之地，要觀彼為非凡庸之地。舉凡視線所及、耳朵所聞，均觀想為就是眞正的銅色吉祥山的蓮花光宮殿。莫將處所視為凡庸，銅色吉祥山有何形相特徵，就觀想此地全具足之，是眞正銅色吉祥山的蓮花光宮殿。不論是房子還是土地，全都要以清淨觀來作觀想。

在將此地觀爲蓮花光宮殿後，該如何觀自己的形相呢？自己的心性本質就是空行耶喜措嘉。本質爲耶喜措嘉，顯現出怎樣的形相呢？乃是金剛瑜伽女，身體紅色，一面二臂，具三隻眼。三眼以喜出望外之姿，望著面前虛空中的上師。其望著上師的表情，應是殷切盼望見到上師容顏的神情，需是心中急切的神情。觀想自己的右手持著由顱骨製成的手鼓，象徵從三重無明的蓋障中甦醒。左手於腰際持著彎刀，爲何手持彎刀呢？這是代表斬斷我們煩惱三毒之意。

身上沒有任何服飾，全身赤裸，掛戴各式骨飾和各種花飾。雖然顯現可見，實際上無有本質上的存在，就有如鏡中像、空中現起的彩虹一般，當如此觀想自己的身體。如此觀想自己身體後，在距離自己頭頂正上方一箭之高的虛空中，觀想一朵由各種珍寶製成的十萬瓣蓮花。在這上面，觀想有一個與蓮蕊大小相同的日輪，在日輪上，觀想有一個較小的月輪。在這之上，觀想自己的根本上師，而根本上師的本質爲何呢？過去諸佛、現在諸佛、未來諸佛總集之本質，即爲自己的根本上師。頭頂上觀想的上師，本質乃爲三世諸佛之總集。不過，他的穿著和形相則有如烏金大金剛持——蓮花生大士。他的穿著和面容，都要觀想如同蓮師。

蓮師身體的顏色，白中帶有紅色光澤。身上穿著白色背心，其外披三法衣，其外穿著大袍，衣著可依照唐卡畫中的蓮師來作觀想。蓮師一面二臂，雙腳呈現國王遊戲的坐姿：左腳內屈，右腳稍微往外伸。蓮師頭戴蓮花帽，烏金仁波切❷有三種不同的蓮花帽。往昔他在西南牛奶湖誕生在蓮花上時，所有母尊和空行向他獻上帽子，奉他爲部主❸，這個帽子是蓮花含苞的樣式。爾後，蓮師在八大尸陀林修持禁行時，權攝三界，空行母眾向他獻上鹿耳帽，奉他爲死主。之後，薩霍國王要活燒他的時候，他的金剛之身不爲火所燒，安住在蓮花上。薩霍國王因而在內心對蓮師生起不共信心，打開寶庫之門，將所有服裝供養給蓮師，當時獻上的帽子稱爲「蓮花見解脫」，呈現花朵綻開的樣式。

---

❷烏金仁波切即為蓮師。

❸部主即部族之首。如蓮花部之部主為阿彌陀佛、珍寶部的部主為寶生佛等。

在修持這個上師瑜伽的時候，我們要觀想的乃是薩霍國王所供養的蓮花見解脫帽。這個帽子的形相如何呢？此帽具有五瓣，有內外雙層，象徵著生起次第與圓滿次第的雙運。帽子有三個尖端，象徵著法身、報身、化身這三身。帽上有五色，象徵蓮花生大士以法身、報身、化身、自性法身等五身，以及身、語、意、功德、事業來利益眾生。帽上的日、月二者，象徵著蓮師具足方便與智慧。帽子上鑲著藍色的邊，象徵著他不離三昧耶。帽子上方有五股金剛杵頂，象徵著他的三摩地無有動搖。帽頂有鷲鷹羽毛，象徵他的實修已達究竟。以上是關於帽子的部分。

蓮師的右手以期剋印持著黃金五股金剛杵，左手以入定印持著裝滿無死甘露的顱器，顱器中央有長壽寶瓶，瓶口以滿願樹作爲裝飾。曼達拉娃公主以隱密之姿，呈現爲蓮師手杖。手杖上端有三叉，象徵著本性、自性、大悲三者。手杖上的乾顱、濕顱、舊顱，象徵法身、報身和化身三者。手杖上的九個鐵環，象徵九乘次第。手杖上有五條絲帶，象徵五智。手杖上掛著生者髮、亡者髮，象徵蓮師在八大尸陀林修持禁行，權攝一切瑪嫫和空行。以上爲觀想蓮師的部分。

蓮師身周有五色虹光環繞，虹光帳幕當中有西藏八大持明、二十五王臣弟子、所有三根本以及諸佛菩薩，並非只有少少幾位，而是有如遍滿虛空一般。成就者、上師、佛、菩薩，不可思議的上師、本尊安住在虹光帳幕之中，遍滿虛空。如此觀想之時，我們的凡庸感知都會自然止滅，所以要好好地明觀，要能夠止滅現在的這個凡庸相。

有三種觀修上師的方法：市集聚會、層疊安住以及珠寶總攝。市集聚會是如何觀想呢？在上師的周圍，一切寂忿尊和傳承上師們有如在市集聚會一般地安住，如此觀想的方式乃是市集聚會之觀想，在自己根本上師周圍，有傳承上師、佛菩薩等聖眾有如市集聚會般地安住，此乃市集聚會之觀想。在觀想皈依的資糧田時，層疊安住的觀想方式較爲重要。在上師頭上，有傳承上師安住著，一位的頭上又有另一位安住，如此一個接一個安住，是爲層疊安住的觀想，這是皈依時的觀修方式。在觀修金剛薩埵之時，則是依照珠寶總攝的方式：在上師一尊的本質之中，總集了所有上師、本尊、勇父、空行與一切諸佛，除此以外，不作他想，這是觀想上師單獨一尊的方式。

而在修持這個上師瑜伽時，主要是依市集聚會的方式來觀修。如此這般，觀想自己是瑜伽女，好好觀想蓮師等一切皈依境，在清楚觀想之後，就開始進行以下上師瑜伽的修持，從「甚希奇！自相任成無限清淨剎」（ཨེ་མ་ཧོཿ རང་སྣང་ལྷུན་གྲུབ་དག་པ་རབ་འབྱམས་ཞིང་ཿ）唸起。

在清楚觀想之後，如此開始唸誦。其實是要在唸誦詞句時隨文觀想內涵，不過也可以先觀想之後再來唸。其實應在唸誦「自相任成無限清淨剎」時，逐句隨念詞義，修清淨觀，觀想蓮花光宮殿等等，每一句有各自要觀想的內容，而在唸之前，先進行觀想也是可以的。隨文作觀是很好的，能做到的話，就應如此觀修，但是我不知道各位能否做到。

在觀想好了之後，就從「吽！烏金國之西北隅」唸到「咕如貝瑪思帝吽」（〈蓮師七句祈請文〉），慢慢想著文中內涵，一心生起虔誠信心。最重要的就是虔信，要有全然的信心。這並不僅限於上師瑜伽，我們在修持殊勝本尊生起次第時也好，或是自己在做任何殊勝本尊的實修，對於殊勝本尊有全然的信心是很重要的。

生起信心是比較重要的。觀想得非常清晰固然是好的，但是主要的是要對殊勝本尊有著全然信心，若對殊勝本尊沒有全然信心，是沒辦法修成的。同樣地，現在在上師瑜伽裡，也必須要對上師有全然信心。否則，就算觀想得再清楚也沒有助益，唱誦得再好聽也沒用，生起全然的信心是比較重要的。

在唸誦〈蓮師七句祈請文〉時，若能一心生起全然信心而修，蓮師將會從銅色吉祥山親臨加持自己的相續。若是缺乏信心，蓮師就不會從銅色吉祥山前來。接著，觀想迎請蓮花生大士以及他所在的銅色吉祥山，連同宮殿和眷屬一起，融入了我們所觀想的蓮花生大士，觀想如同水融於水一般地融入。

剛開始觀想的蓮師，稱爲「誓言尊」，而從銅色吉祥山迎來的蓮師稱爲「智慧尊」，此處需觀想這尊融入了誓言尊。我們有很多人在修殊勝本尊的生起次第，大家都有唸很多咒。在唸誦殊勝本尊的咒語時，首先先將自己的身體觀想爲普巴金剛或是忿怒蓮師等等，總之是將身體觀想爲天尊，這尊稱爲「誓言尊」。然後從彼心間放射光芒，將安住在五方淨土的天尊實際迎請前來，所迎請的稱爲「智慧尊」，接著需要觀想智慧尊融入誓言尊，成爲無二無別。同樣地，製作朵瑪，將朵瑪觀想爲天尊，是爲誓言尊。接著迎請智慧尊融入到朵瑪的天尊。若是觀修寶瓶中的天尊，這尊乃是誓言尊。在觀想寶瓶裡的天尊後，迎請智慧尊前來融入寶瓶。總之，首先觀想誓言尊，之後智慧尊融入，由天尊實際注入加持，藉此使自己相續得到加持，就有如上師心中的證悟傳輸到弟子一般，天尊實際進入誓言尊後，加持自己的相續。

如此這般觀想天尊之後，迎請天尊來融入誓言尊之後，接著在該尊面前，依七支供養來累積資糧，也就是在觀想好天尊之後，藉著獻上供養、懺悔等等來累積資糧。一切累積資糧的方法，都包括在七支當中，所以爲了要累積資糧而進行七支供養。七支當中，首先是頂禮：

བདག་ལུས་ཞིང་གི་རྡུལ་སྙེད་དུ༔

吾身多如大地塵

རྣམ་པར་འཕྲུལ་པས་ཕྱག་འཚལ་ལོ༔

如是幻化誠頂禮

頂禮、供養等支，均有其相對應的詞句，各位可以參照法本來看，依著每支的文句來思惟、修持。而我們可以依著以上這兩句來觀想頂禮。頂禮乃是我慢的對治，如果一個人有我慢，就不會去頂禮他人，也就無法修持上師瑜伽，而頂禮可對治我慢。在頂禮的時候，要將自己的身體化爲百個、千個、萬個乃至無數個身體來頂禮，並非只有自己一個身體。自己的身體幻化遍滿虛空界，幻化出有如世間界微塵數的身體，於此同時，觀想等同虛空邊際的一切有情跟自己一起頂禮，觀想一切有情跟自己幻化出的無量身體一樣在頂禮。在這個時候，並沒有實際用身體在頂禮，我們仍是以跏趺之姿坐著在觀想上師，所以就在虔信之中，雙手合十，心中觀想幻化出身體在頂禮，並不是實際起身頂禮。

我們要以「四重無量」來進行頂禮。何謂「四重無量」的頂禮呢？所要頂禮的天尊不可思議、無可計量，也就是頂禮的對境是無量的天尊。在每一位天尊面前，自己幻化出不可思議的身體來頂禮，需要觀想無量幻化身。需要唸誦無量的頂禮詞句，像是對天尊的讚頌等，以及進行無量的頂禮。總結來說，就是觀想頂禮對境是無量天尊、頂禮者自己的無量身體、無量頂禮詞句、無量頂禮，此乃所謂四重無量的頂禮。

我們有些人是在累積五加行次數時做大禮拜，有的是在百字明咒的段落做大禮拜。事實上，如果能結合上師瑜伽來做大禮拜是很好的，而這裡我們是假設已經完成十萬拜的情形。總之，透過身來頂禮，透過語來唸誦祈請詞句，而意的部分，要想著：「不論際遇是高是低、是苦是樂，上師您都知曉！」依如此全然的信心來將心思寄託，這是透過身、語、意三門來頂禮之理，以身實際頂禮，以語唸誦頂禮祈請文，以意來生起全然信心。

關於頂禮的內容有很多，像是雙手合十的方式等等，不過我已講述完畢，這次就不再細說了。總之，在頂禮的時候，心思不要散亂，要一心以全然的信心來頂禮，這是較為重要的。若需淨除身體的罪障，頂禮在淨除身障方面有很大的力量，其功德利益是不可思議的。我來舉個例子，過去有一個比丘在頂禮一個裝藏了佛舍利的佛塔之時，阿難問佛陀說：「這位比丘如此頂禮，有何功德利益呢？」佛陀回答說：「在虔信恭敬之中頂禮一回，不論在頂禮時，身體所覆之地，直到黃金地基之間，不論此中有多少微塵數量，未來彼人投生爲轉輪聖王的次數就會是多少。」投生爲轉輪聖王的次數等同於微塵數，慢慢將可獲得佛果。所以說，頂禮的功德利益是不可思議的，佛陀頭上的頂髻，主要也是因頂禮而得，而在淨除身障上，沒有比頂禮還要更好的方法。以上是七支當中的第一支——頂禮支。

第二支是供養支。在獻供時，於面前虛空觀想上師瑜伽的蓮師資糧田，不論是自己實際擁有的飲水、浴水、鮮花、薰香、油燈、香水、曼達等等，乾淨不污且優質，如此獻供。自己都不需要的物品，就不可以拿來獻供，像是自己都不要吃的食物等等，自己都不喜愛的物品，就不能拿來供養給天尊。總之，需要乾淨、優質的供品，特別是不要有慳吝，如果心有慳吝，供品再怎麼乾淨也沒有用，因爲慳吝會讓供品變得污穢。所以要在不受慳吝的染污之下獻上實際擁有的物品。此外，也不應因虛僞和炫耀而供養，像是在眾目睽睽之下做出一副廣大供養、累積許多資糧的模樣，不應因虛僞、作秀而獻供，也不要有慳吝，這是很重要的。

實物的供養，可以不用廣大，僅作觀想所依之用即可。不要有慳吝、虛僞和炫耀，即使所供養的並不廣大，少少的也是可以的。這樣少少的供養，就不會有慳吝的問題。供養實物之後，以心意來做幻化的供養，以心意幻化出遍滿虛空和大地的鮮花、薰香、油燈、香水等等，像是與眾不同的花、有特殊香氣的香水、不凡的油燈等等。油燈的燈杯也是與眾不同，像是以珍寶製成的燈杯，還有像香水、美食，例如具足百種滋味的美食。還有像越量宮、悅意的庭園、七王寶、八吉祥、不可思議的音樂等等。總之，觀想「普賢供養雲」遍滿虛空。

普賢供養雲是怎麼樣的呢？往昔普賢菩薩在供養十方諸佛來累積資糧時，普賢菩薩心放五種顏色的百千萬道光芒，每一道光的尖端幻化出一尊普賢菩薩，這些幻化出的普賢菩薩，又如前幻化出不可思議的普賢菩薩，每一尊普賢菩薩各自獻上不可思議的供品，這就稱爲普賢供養雲。我們就要如同普賢供養雲一般來觀想幻化供養。在少許實物供養之上，如果能夠觀想，就需用心意幻化出不可思議的供養。供養支的詞句是：

དངོས་བཤམས་ཡིད་སྤྲུལ་ཏིང་འཛིན་མཐུས༔

實設意幻禪定力

སྣང་སྲིད་མཆོད་པའི་ཕྱག་རྒྱར་འབུལ༔

獻上萬象供養印

「實設」指的是實物供品，「意幻」是由心意幻化的供品。「禪定」所指的是自己入定修三摩地，這是所有供養當中最殊勝的。觀見自己的本心面目而修三摩地，就是所謂禪定的供養，也是所謂究竟的供養。「獻上萬象供養印」指的是心想世間界一切萬象而供養，加上前句的「實設」「意幻」「禪定」，共有四種供養。世間一切萬象包括了天和人的一切受用，不論有多少，可以透過自己的心意緣想來供養，天界的一切不可思議環境，像是須彌山王、七金山、四大洲、八小洲等等，還有像是轉輪聖王的七王寶、八吉祥、八種吉祥物等等，如此在心中緣想著世間界的一切萬象來獻供。

要去觀想出世間萬象是有困難的，只要想著上面天界有不可思議的受用，下面龍界也有不可思議的受用，如是心想而獻供即可。如果要去想天界裡有些什麼、龍界裡有些什麼、人間有這些那些的，我們是沒辦法想的，只要想說上方天界有不可思議的天神受用，下方龍界有不可思議的龍族受用，還有東勝身洲、南贍部洲、西牛賀洲等四大洲、八小洲，我們就如此心想有這些不可思議的事物，還有像須彌山王、七金山等等，如此想著世間界一切事物，獻給觀想在面前虛空中的上師。❹

此外，我們行經一地，不論看到如何賞心悅目的事物，都可以做供養。例如在路上看到了乾淨、悅意的河流，或是美麗的花鬘，乃至像是美妙的動物，凡是眼睛看到的悅意事物，都可以來供養。同樣地，耳朵不論聽到什麼悅耳的音聲，均可以作爲供養。鼻子不論聞到什麼芳香之氣味，都可以供養。總

❹指觀想在頭頂正上方的上師。

之，五官所感知的悅意事物，都可作爲供養。如此供養，可以得到如同供養實際擁有物品般的福德，所以應當如此累積資糧。若是自己坐擁財富受用，在沒有慳吝的前提下，可以用來累積資糧，如果沒有財富受用，也可以透過這種方式來供養，所得福德有如供養自己財富的福德，我們應要如此來累積資糧。以上爲供養支，這是累積資糧之中主要的一支。

接下來是懺罪支。在前方虛空所觀想的資糧田面前，從無始以來的生生世世直到今日，心裡所記得或不記得的罪業，所有身的惡業、語的惡業、意的惡業，包括五無間罪、近五無間、四根本墮等等，還有像是取用三寶信財，乃是相當大的罪。什麼是三寶信財呢？像是虔信者供養用作建造佛塔之用的很多善款，沒用在佛塔上而落入自己之口，即爲取用佛塔信財。此外，爲了建造佛像、佛塔而籌募許多善款，倘若籌款之後又沒有去建造佛像、佛塔，自己把錢吃掉了，這就稱爲取用三寶信財。爲了僧眾而募得許多用品，最後沒有供養給僧眾而自己使用，即爲取用僧眾信財。如此這般取用三寶信財和所有罪行，如果內心能夠憶念，要想著：「我已造下如此這般之罪，從今以後我絕不再造此罪！」如此在心裡立誓來懺悔，心裡以強猛的追悔之心，發誓從此不再造罪，以此進行懺悔。

這裡提到的五無間罪、四根本墮等等，有許多細節可以深入研討，各位如果能加以了解是很好的。以後可以請堪布等師長來解說什麼是罪，在所有的罪當中，什麼樣算是重罪？我們需要去了解這所有的內容。有許多堪布來到台灣，如果能夠請他們來解說是很好的。這樣就能了解什麼是五無間、近五無間等等，就能了解什麼是罪業、什麼樣的罪是重大的罪。能這樣了解是很好的，我們在此不去多做解釋，各位要進一步去學習。總之，對於所有透過身口意三門所造下的罪業，無有覆藏，舉凡身語意所造的一切罪，都在資糧田之前進行懺悔，這是懺罪支的部分。

我們在淨除罪障之時，如續典中提到，我們在懺罪時，以心憶念，承認自己確實造了重大罪業，在以心憶念之下來懺罪之時，觀想一切罪障在自己舌頭上顯現爲一團黑物，接著觀想前方虛空資糧田放射出不可思議的身語意光芒，照射到自己舌上的罪障黑團，觀想一切罪障有如水洗塵垢一般地被淨化了，這是淨化罪障的方便。法本上寫道：

སྒོ་གསུམ་མི་དགེའི་ལས་རྣམས་ཀུན༔
三門一切諸惡業

འོད་གསལ་ཆོས་སྐུའི་ངང་དུ་བཤགས༔
光明法身中懺悔

三門即身、口、意三門。透過三門所造的一切惡業，均在光明法身中懺悔。何謂眞正的懺罪呢？一切懺罪當中的首要者，就是在認持自己的明覺之後、安住在明覺之上，文中的「光明法身」所指的就是明覺。一切淨罪當中眞正的首要者，在認持明覺之後，若能安住明覺之上一剎那的時間，一切罪業將被淨除得片甲不留，這就是主要的了義懺罪，此乃「光明法身中懺悔」的意涵，以上爲懺罪支。

接下來是嫉妒的對治——隨喜支。很多人對於他人行善心感不喜，有些人看到他人擁有財富就不高興，對他人累積資糧感到不高興，這些都是嫉妒。而嫉妒的對治就是隨喜他人行善的隨喜支。

正等正覺佛陀爲了利益有情而廣大轉動法輪，乃至爲了去除有情的身口意惡業，行使佈施身體等等不可思議的廣大善業。菩薩佈施自己的身體、肉、血、自己擁有的一切財富、兒女、妻子，乃至轉輪聖王的七王寶等等，不論有情想要的是什麼，就會施予他們。想要兒子就給兒子，想要女兒就給女兒，想要大象就給大象，就連需要自己的肉、血也會施予，這就是菩薩的各種行持。此外，一切有情不論透過身語意三門在從事什麼善行，是爲隨順的善。凡此種種，都要加以隨喜。我們對於佛陀爲了眾生而轉法輪，應當隨喜、歡喜。對於菩薩們的偉大善行，我們都應隨喜、歡喜。我們在看到一切有情透過身口意三門不論造何等善業、不論如何集資糧淨罪之時，都應感到歡喜、修隨喜。自己若能隨喜他者行善，也將得到相同的善。所以不該心生不喜、嫉妒，當修隨喜。

自己過去若有修持廣大的善，應當心想過去所修大善而修持歡喜。對於自己現在正在修善，也當心感歡喜。再者，也要對於未來要修善而好樂歡喜。要隨喜自己的善，也要隨喜他人的善。若能隨喜他人修善，行善的是他人，而自己可得雷同之善。法本中提到：

བདེན་པ་གཉིས་ཀྱིས་བསྡུས་པ་ཡིཿ

凡由二諦之所攝

དགེ་ཚོགས་ཀུན་ལ་རྗེས་ཡི་རངཿ

一切諸善皆隨喜

二諦指的是世俗諦和勝義諦，在世俗諦方面，凡夫在有二元執取的束縛之上來行善，這就是世俗諦方面所造之善，凡夫所造的善是世俗諦的善。諸佛菩薩都是在了悟空性當中而行善，所行之善是勝義諦所攝。總之，所有二諦所攝之善都要隨喜。

若能隨喜，將可得到有如自己累積資糧一般的功德利益，有許多歷史典故可以援引說明，我在這裡就簡略講說。釋迦牟尼佛在印度的時候，波斯匿王是印度的一個國王，他坐擁非常多的財富，在一個月當中向釋迦牟尼佛和阿羅漢暨眷屬眾奉上膳食及獻供，累積了非常大的福德資糧。當時有一個在行乞的貧女見狀心想：「波斯匿王往昔由於累積福德資糧而成為國王，如今又每天向佛陀獻供而累積廣大福德資糧，真讓人歡喜敬佩！」她自己則由於未能累積資糧而投生成為乞丐，如今對於國王累積如此大的資糧感到驚奇並且由衷隨喜。這個女乞丐因此得到了比波斯匿王還要多的資糧。佛陀知曉此事，在傍晚迴向善根之時，佛陀問波斯匿王說：「今日所有的善根，是要迴向給國王你自己呢？還是要迴向給比你得到更多福的人呢？」不明原委的波斯匿王回答說：「就請您迴向給善根較大的那人吧！」於是佛陀就唸了那貧女的名字而迴向。這個事件說明了隨喜之不可思議，所得之福比行善的本人都還要多，所以各位修隨喜是很重要的。

對於他人行善，自己產生競爭心、心感不喜，他人在做廣大善行時，自己生起競爭之心，想說：「我要做得比這更厲害！」我們不可以生起如此競爭心、心感不喜或是嫉妒，而是要以一片清淨之心來隨喜，這是很重要的，以上講完了第四支。

第五支是請轉法輪支。不論是在自己所在之地，還是南贍部洲其它地方，乃至於安住在此三千大千世界之外其它世界的諸佛、菩薩、上師、善知識以及所有利眾的上師們，以佛陀爲例，在他成佛之後、沒有轉法輪之時，應當向他祈求：「請您爲了利益一切輪迴有情而轉動法輪。」對於菩薩眾則應請求道：「一切有情由於不明事理而將造下重大罪惡，是故請您不要心感疲厭，請您爲了利益一切有情而轉動法輪。」乃至對於沒有轉法輪的上師、善知識們，要向他們所有人請求：「請您爲了利益一切有情而轉動法輪。」不論是在十方安住的諸佛還是菩薩，還是沒有在轉法輪的上師、善知識，要請求所有未轉法輪者轉動法輪，要觀想如是請求，若能如是觀想請求，自己將可得到不可思議的福德。在法本當中提到：

ཐེག་གསུམ་ཆོས་འཁོར་བསྐོར་བར་བསྐུལ༔

請轉三乘之法輪

三乘指的是外相性乘、內菩薩乘、秘密咒乘，要請求轉動這三乘的法輪，請求以應機調化的方式轉動法輪。自己幻化出不可思議的身體到安住在十方淨土的上師、佛、菩薩、成就者們的面前，在每尊面前都幻化出一個分身，持著千輻寶輪或是右旋白螺等各式各樣的供物，請求每尊轉動法輪。觀想無量諸佛、無量菩薩、無量上師和善知識，而自己也幻化出無量身體，獻上不可思議的供品請求每尊轉動法輪，心裡要如此觀想。

過去釋迦牟尼佛於印度菩提迦耶金剛座成佛之後，在七個星期當中沒有轉法輪。帝釋天王和梵天兩位天神從天界下來，梵天手持千輻寶輪，帝釋天王手持右旋白螺，獻給釋迦牟尼佛，請求他轉動法輪，我們現在也應該如此這般來祈求請轉法輪。若能如是虔誠祈求，功德利益乃是不可思議的，將可得到佛陀實際應允轉法輪、利益一切有情之不可思議功德利益。佛陀來到世間轉動三乘法輪後，廣大利益到一切有情，其功德利益之不可思議無需多說。若能請轉法輪，自己便將得到如此功德利益，就算諸聖者未親臨轉法輪，但因自己虔心祈求，將可得到相似的功德利益，所以我們應當祈求轉法輪。

第六支是祈請不入涅槃支。祈請不入涅槃與請轉法輪類似，不論是自己所處之地，還是三千大千世界以外其它的世界中，有上師即將入涅槃，或是有佛將入涅槃，抑或是菩薩將入涅槃，心中觀想自己幻化出無量身體到每一尊面前，祈請每尊不要入涅槃，並且能夠長久住世。有許多佛、菩薩、上師、祖古即將入涅槃，自己幻化出許多身體到每尊面前，向每尊祈求道：「祈請莫入涅槃，請爲了利益有情而長久住世。」若能如是祈請，將可得到類似實際向佛陀請求的功德利益。

過去佛陀即將入涅槃之際，贊達居士祈請佛陀莫入涅槃、在輪迴未空之前都要持續住世，佛陀因此住世了三個月之久。我們也當如此這般祈求。法本當中提到：

ཇི་སྲིད་འཁོར་བ་མ་སྟོངས་བར༔

直至輪迴未空前

མྱ་ངན་མི་འདའ་བཞུགས་གསོལ་འདེབས༔

祈請莫要入涅槃

應當祈求道：「請您在輪迴未空之前都要住世。在世間輪迴未空之前，請您不要入涅槃。」若能如此祈請，如果眞的在輪迴未空之前住世，其功德利益就不用說了，就算佛菩薩只住世一到三個月，也會行不可思議利益有情事，此功德利益乃不可思議。所以我們若能如此祈請，將可得相似的功德利益。

第七支是迴向支。我們現在不論造何善業，都要迴向利益一切有情。今天不論修了何善，禪坐、實修也好，進行課誦也好，頂禮和轉繞也好，不論自己現在修了什麼善，這些是當下所行的善。除此之外，此前多生多世投生直至此生，在世間當中不論已修了什麼善根，也要將自己所造之善集中過來。乃至未來在世間當中未得佛果之前，不論將修什麼善根，也要將那些未來善根集中過來，這就成了三世之善。我們要如此將三世之善加總在一起，將此善根迴向利益一切有情，迴向一切有情暫時上得享安樂，究竟上藉此善根能夠得到佛果位。

如果自己能夠以三輪體空的方式、在了解一切都是空性當中進行迴向，這樣的迴向就是完美的。如果不會的話，可以想著：「不論諸佛、菩薩眾是如何爲利有情而迴向，我亦如是迴向！」如此迴向則成隨順迴向，類似了悟空性義理而做的迴向。所以不論自己會怎麼樣的迴向方式，就透過那個方式來做迴向。法本中提到：

དུས་གསུམ་བསགས་པའི་དགེ་ཙ་ཀུན༔

三世所積諸善根

བྱང་ཆུབ་ཆེན་པོའི་རྒྱུ་རུ་བསྔོ༔

迴向得大菩提因

「三世所積諸善根」指的是過去、未來、現在所累積的一切善根，「大菩提」指的是佛果位，迴向所有善根成爲得到佛果位之因。應該要能夠隨時隨地即時迴向如此的善根，當下所修之善，就要當下做迴向。否則，倘若尚未迴向善根，而現在又生起猛烈瞋心的話，善根就會耗竭。所以現在修善之後，馬上就應在該地來做迴向，不論修何身口意的善，要能夠馬上迴向，要不然等到我們的煩惱強烈生起的時候，善根就變得愈來愈小，所以要能夠在善根還沒消耗之前馬上進行迴向。迴向的目標乃是得到佛果位，如果是迴向到世間事項，諸如迴向長壽、無病、富有等等是不好的。要能夠完全爲了得到佛果而迴向。

若未能即時迴向善根，當瞋心等煩惱生起時，就會馬上耗竭。如果沒有迴向善根，就算善根沒有被瞋心耗盡，那善根在成熟一回之後也會耗盡。例如現在修了善，或許因此而在下一生投生爲富人，或是投生在天界、龍界乃至轉輪聖王，如此成熟一回之後，福德資糧也將耗盡。如果有迴向善根，則來生不論投生到天界好幾百回還是好幾千回，此善根也不會窮盡。就算投生爲轉輪聖王達好幾十萬次之多，此善根仍將持續增上，直至得到佛果之前都能持續成熟、存在。所以如果能夠馬上迴向善業，有很大的功德利益，是故迴向善業是很重要的。

我們如果家中有人過世，在爲了他修持善法後，不論是修什麼善，由所有喇嘛們好好迴向，以好的意樂來迴向、發願的話，對亡者將會有所助益。家中的家人若能以好的意樂來迴向、發願，將可以幫助到亡者。如果家人和喇嘛等眾人都能以好的意樂來迴向，可以幫到亡者。如果沒有迴向，那麼不管爲了亡者修了什麼善根，對亡者也不會有幫助，所以迴向是很重要的。在爲亡者修持善法時，迴向是很重要的。

過去佛陀在廣嚴城時，廣嚴城的人民要藉著向世尊佛陀供齋來累積資糧。供齋的前一天晚上，有很多餓鬼來到佛陀面前說：「請您將明天廣嚴城的人民供奉您膳食的善根迴向給我們。」佛陀雖然知曉原委，卻仍問他們：「爲什麼要將廣嚴城人民所修的善迴向給你們呢？」餓鬼們回答說，他們原是廣嚴城人民的父母，投生爲餓鬼，所以請求佛陀迴向給他們。佛陀說：「在廣嚴城人民累積資糧時，你們能夠前來嗎？能來的話我就迴向給你們，不能來的話就不迴向了。」結果他們因爲感到羞愧而不想前來。佛陀就說：「你們在造惡業的時候都不羞愧了，現在卻爲了前來而感到羞愧，這是什麼道理？」於是餓鬼們說他們一定會來。

隔天，佛陀到廣嚴城應供，所有餓鬼都現身了，嚇壞了所有的人。佛陀對他們說：「你們不要害怕，你們今天的善根，是要迴向給這些餓鬼呢？還是迴向給你們呢？爲什麼要把善根迴向給餓鬼呢？因爲他們是你們的父母所投生的。」佛陀說明原委後，人們就請佛陀迴向給餓鬼，可見即使是佛陀世尊，如果沒有迴向給他們，就沒有辦法幫到那些餓鬼，這說明了一定要迴向的理由。

以上是七支供養，包括了頂禮、供養、懺罪、隨喜、請轉法輪、祈請不入涅槃以及迴向這七支。一切累積資糧的方法都總集於七支之中，要在前方虛空觀想資糧田後累積資糧。爲了要在自己相續中生起三摩地、了悟光明大圓滿見地，需要累積資糧和淨除罪障二者。若不累積資糧，想證悟光明大圓滿見地會有困難。我們需要依靠著累積資糧和淨除罪障二者來現證大圓滿見地。淨除罪障方面，沒有比金剛薩埵觀修持誦法門還要更好的了。而累積資糧方面，則沒有不包含在七支供養裡的。

修持七支供養若以自己的上師作爲對境，如此集資供養將會與眾不同。所以我們若能在資糧田面前來累積資糧，將會是無錯謬的集資方便。集資、淨障是心中生起實修證量所需的兩個方便，而集資之法就是七支。

在完成七支之後，就要進入領受四灌頂的段落，四灌頂是要將自己的身口意轉化爲身金剛、語金剛、意金剛與本智金剛的本質。在領受四灌頂時，先前已觀想上師安住在前方虛空，在七支供養之後，以猛烈的全然信心向蓮師祈求，如法本提到：

༈ རྗེ་བཙུན་གུ་རུ་རིན་པོ་ཆེ༔

至尊蓮花生大士

ཁྱེད་ནི་སངས་རྒྱས་ཐམས་ཅད་ཀྱི༔

您乃一切諸佛之

從這裡唸到「至尊蓮師您眷知（རྗེ་བཙུན་ཆེན་པོ་པད་འབྱུང་མཁྱེན༔）」，然後唸蓮師心咒。在唸完一圈念珠或是五百遍蓮師心咒後，再次從「至尊蓮花生大士，您乃一切諸佛之……」唸起，然後再唸一百遍蓮師心咒，不論是一百遍、五百遍、一千遍，在唸完之後又再來從「至尊蓮花生大士，您乃一切諸佛之……」唸起，在這個階段我們需要累積十萬遍的蓮師心咒，這就是累積的方式，以上是「近」的修持。

而「修」、領受悉地的部分呢，是唸法本接下來的「我無其他希冀處（༈ བདག་ལ་རེ་ས་གཞན་ན་མེད༔）」這個段落，接著如前唸誦蓮師心咒後，又從「我無其他希冀處」重複唸誦，接著又唸一百遍、五百遍或一千遍蓮師咒，總之在累積蓮師心咒時，是以如此方式來累積。在每唸完一圈念珠或千遍蓮師心咒後，再虔信恭敬地如前重複唸誦，從「我無其他希冀處」唸到「祈淨二障神力尊（སྒྲིབ་གཉིས་སྦྱོངས་ཤིག་ནུས་མཐུ་ཅན༔）」，再來唸誦蓮師心咒，這是累積十萬遍蓮師心咒的方式。

在領受四灌頂時，一心虔信恭敬祈求蓮師之後，觀想從蓮師眉間如同水晶一般的白色嗡ཨོཾ字放出光芒，光芒從自己頂門進入之後，淨化了透過身體而造的殺生、不與取、邪淫等等所有身的惡業。讓身體生長的主要是脈，在此，脈的蓋障也被淨化，身加持注入自己，種下究竟得到化身果位的緣分。

接著觀想從蓮師喉部有如紅寶石般熾亮的阿ཨཱཿ字放出光芒，照射到自己的喉部，淨化了所有語的蓋障。生成語的主要是氣，在此淨化了氣的蓋障，注入了語金剛之加持，在相續當中種下了得到報身果位的緣分。

接著觀想從蓮師心間有如藍天色的吽ཧཱུྃ字放出光芒，由自己的心間而入，淨化了貪心、害心以及邪見等意障。生成心意的主要是明點，在此淨化了明點的蓋障，注入了意金剛的加持，種下了得到法身果位的緣分。

接著觀想從蓮師心間的吽字放射出第二個吽字，這個吽字如同流星一般射入自己的心間，淨化了一切三門所依靠的阿賴耶以及在阿賴耶當中的所有業和所知障後，注入本智金剛的加持，在相續當中種下了究竟得到自性法身果位的緣分。

如此領受了四灌頂之後，觀想從蓮師心間再度放出帶著溫暖的紅光，僅僅觸碰到自己的心間，自己觀想的金剛瑜伽女馬上轉化爲一團紅光，大小如豆，自己這尊金剛瑜伽女化成光，成爲像是豆子一般的光點，這個光點如同子彈一般直接融入了蓮師的心間。

這是寧體特有的觀想，自己金剛瑜伽女朝著上師而融入，只有寧體是如此，其它的上師瑜伽都沒有這樣的方式。在所有其它的傳承裡，在領受四灌頂以後，蓮師化成光，朝自己而融入，所有的上師瑜伽都是這樣的模式。而寧體的方式有頗瓦的意味，未來在臨終的時候，一定要如此觀想，這是頗瓦的觀想方式，自己朝向上師融入，這個應用在臨終時是非常好的。

總之，不論是上師朝自己融入，還是自己朝向上師融入，在融入之後，所謂大圓滿的入定就是在這個時候入定。不論自己入定多久，在出定之後要進入「後得」階段之時，要將一切萬象觀爲上師：眼睛所見的一切是上師的身本質，一切聲響是上師的語本質，一切思想念頭都是上師的意本質，要如此將一切觀爲上師。

接下來唸誦迴向文：「願我速以此善力，成就具德上師尊，復將一切諸眾生，無餘安置於彼地。」如此盡力唸誦各迴向文。在這之後，唸誦〈銅色吉祥山願文〉，接著要發願能夠在死亡之後親見蓮師。

總結來說，首先是明觀資糧田，接著是累積資糧的七支供養，在以七支供養累積資糧之後，就是累積蓮師心咒。在累積完蓮師心咒之後，是領受四灌頂。在領受四灌頂後，迴向所得之善，直到唸誦〈銅色吉祥山願文〉，這就是修持上師瑜伽的方式。

眞正要修上師瑜伽的話，一日應當要修四座，每一座裡面可累積一百遍、五六百遍乃至千遍的上師瑜伽，而我們當中誰也沒辦法做得到，在每座上師瑜伽裡面能修個一遍上師瑜伽就是第一名了。在開始的時候，首先明觀資糧田，接著是累積資糧的七支供養，之後是祈請蓮師（暨累積蓮師心咒），然後是領受四灌頂，接著是迴向，這樣是修了一遍上師瑜伽。在每座修持當中應當修一遍上師瑜伽。我們每天在修上師瑜伽、在累積五加行蓮師心咒的時候，不論是四座、三座、兩座還是一座，應當從頭到尾修一遍。

這裡觀想的資糧田，平常不論是否是在修上師瑜伽，在起床的時候，要想著上師資糧田就安住在前方虛空中，作爲祈求的所依。在吃飯的時候，觀想資糧田安住在自己的喉部，成爲獻供的對境。在即將就寢的時候，觀想資糧田安住在心間，如此觀想具有升起夢光明的目的。所以平常不要忘掉上師資糧田，平常要能夠祈求。

平常隨時隨地，要將自己所在的地方觀爲眞正的銅色吉祥山，不要遠離這樣的心念，平時要修清淨觀。平常要把一切作爲眼睛對境的顯相，觀爲眞的就是上師之身，聽到的一切聲響要觀爲是上師的語，而自己心中一切念頭，想作就是上師的意，平時都要能這樣觀想。如果能夠這樣憶念，自己在遭逢疾病、痛苦等任何狀況時，對於止息那些狀況會有助益，讓自己沒有疾病、得以平息魔擾、障礙等等，而且具有未來能夠眞正升起銅色吉祥山的顯相、讓一切顯相自然現爲上師心意的目的。所以現在需要修清淨觀，其目的是在未來能夠現證。

上師瑜伽的講解可以非常廣大，在此是做了簡略說明。法本裡面的內容不管是要全部解說還是不要解說，簡而言之主要就是依靠上師。如前所說，一位具相的上師與具足信心的弟子相會之時，就能夠使得自己光明大圓滿的修行臻達究竟。往後各位不論依止了哪位上師，自己能否生起虔信恭敬是較爲重要的，在依止了上師之後，不能沒有清淨觀，乃至不能毀謗上師、不要在心中想著各式各樣的東西，這是非常重要的，主要的三昧耶也正是這個。

在修持上師瑜伽之後，要令自己的信心穩固，不能夠對於上師有懷疑、二心乃至污穢的想法，必須要使自己的信心堅固。要對上師一心虔信，不要懷疑，不要改變自心，如果能夠心思堅定，上師的加持將會傾注自己的相續，將可使大圓滿修行達到究竟。就算在此生沒能得到佛果位，將會在七世或十六世當中於中陰得到解脫。所以總而言之，這是取決於自己的三昧耶，不要變心，要讓信心堅固。自己求得了光明大圓滿法，在修持上師瑜伽的時候，自心具備堅穩的恭敬、信心是非常重要的。

當我們說在上師瑜伽裡面，不要去觀察上師的是是非非，各位可能會以為我是在叫你們不要觀察我。你們是可以觀察我的，觀察以後覺得揚唐祖古是好的、是骯髒的都是可以的，各位想怎麼觀察都可以，你想生起信心也可以，不想生起信心也沒問題。我之前講的是各位自己眞正的根本上師，我不是在說我自己，請不要有所誤解，除此之外，我沒有什麼要說的了。❺

---

❺感謝呂廷昱、林穎青提供的開示錄音。本章係依錄音內容重新逐句翻譯為中文。

3

格薩爾王上師瑜伽講授

時間：二〇〇〇年五月七日

地點：全佛文化

格薩爾王簡介之一[1]

格薩爾是蓮花生大士身、語、意總集爲一的化身。若視他爲上師，可依他爲上師。若視他爲本尊，可以依他修持。若視他爲護法神，則可對他獻供。爲什麼我們需要格薩爾呢？他的重要性在哪裡？往昔蓮花生大士前去西南羅刹境時，西藏的國王、僧人、上師、在家眾爲他送行，一行人來到了貢塘隘口高點。國王等眾流淚哭著說：「您就要離開了，我們沒有祈求的對象，該如何是好？」當時蓮花生大士爲他們傳授了如同如意寶珠一般的十三個竅訣。

在十三個竅訣之中，他提到在他離開之後，漸漸將有邪惡非人和神鬼在西藏製造危害，在西藏的邊境，會有魔和毀壞誓言的厲鬼幻化成很多邪惡國王現世，他們主要會是霍爾和蒙古人，他們將會毀滅佛陀聖教。這時，天龍八部圍繞在蓮師身

---

❶ 這個簡介來自仁波切在全佛文化傳授格薩爾灌頂時所做的開示。非常感謝黃紫婕提供的錄音資料，此簡介係根據仁波切在錄音檔中的開示內容直譯為中文。

邊，而蓮師說道：「我會前去，我將會消滅霍爾與蒙古的所有軍隊，不需懷疑！你們不用害怕！」蓮師說畢就離開了。之後不知過了多少年，出現了朗達瑪國王，他摧毀了西藏的佛教，魔和厲鬼隨後在西藏邊境幻化成許多王、臣，即將毀滅佛教。在這個時候，蓮師幻現爲格薩爾，把他們消滅殆盡，使佛教免遭毀壞，這就是格薩爾出現的目的，這也是他之所以珍貴的原因。

西藏非常崇敬格薩爾，而在中國爲何受到重視呢？格薩爾在西藏的時候，有個中國皇后受到一個妖女的蠱惑，對中國造成相當大的傷害。爲了降伏、消滅那個皇后，中國從西藏迎請格薩爾前去，這是中國現今崇敬格薩爾的根本原因。格薩爾降伏了皇后之後，中國十分崇敬他。

不論誰依止格薩爾，跟依靠王魔或是妖靈是完全不一樣的。有人在供奉王魔，也有人在供奉妖靈，還有人在供奉天龍八部、非人等等。一旦供奉了那些，如果沒能每天供奉，只要間斷了供奉，他們就會發怒，反而對我們製造危害。而格薩爾不會這樣，今天供奉他，明天沒供也沒關係。他是不會發脾氣、傷害人的。

中國有關公，他跟格薩爾是一樣的，米旁仁波切是一位西藏的大博學者，他所寫的文句中提到，中國的格薩爾在漢語當中稱為關老爺，這和關公是一樣的，米旁仁波切的著作中有提到。所以說，中國和西藏都可以依止格薩爾，如果向他祈求，有益於自己長壽，對於來世、臨終也有幫助，他具有引領前往淨土的能力。如果是供奉妖靈、八部那些，這一生也許會有稍微助益，但在臨終的時候，他們完全沒有幫助我們的能力。所以說，格薩爾對於我們活著的時候有幫助，對我們死的時候也有幫助，都有幫助。

現在我們開始進行格薩爾灌頂，各位不要把格薩爾和蓮師看作是不同的，要把他們看作是同一的，如此生起虔信來祈求。

格薩爾王簡介之二❷

復次，大阿闍黎於西藏境中稍加調化弟子完畢後，調伏西南羅剎的時機成熟之際，全體西藏王臣多次請求不要前往羅剎境。然而蓮師未受勸阻，在啓程前去羅剎境時，全體王臣子民送行到芒余貢塘隘口高點，在抵達貢塘隘口高點後，母尊和空行眾從天空牽著以珍寶爲飾的寶馬，親自前來迎接蓮花生大士。西藏王臣和男女在家眾在即將與西藏唯一救怙蓮花生大士分離之際，全都口出哀戚之聲，無意識地昏厥在地。穆赤贊布王子❸也將頭投入蓮師懷中，如是說道：「父王已升天，蓮師又將前往烏金國，我等藏民當依何人？穆赤贊布喪志矣！」傾訴此等話語和許多哀傷言語後，無意識地昏厥過去。

---

❷摘譯自揚唐仁波切所編的格薩爾灌頂儀軌〈傳授格薩爾大士命灌頂儀軌彙編〉中的灌頂歷史簡介。

❸原文寫的是另一位王子穆如贊布，疑為電腦打字誤植，此處依前後文更改為穆赤贊布。

此時，蓮師向王子灑水，令其甦醒。爲了除去王子的憂愁，蓮師給予眾多教誨，承諾在法王的血脈未斷之前，將三時無有間斷地給予加持，並且在上旬初十天亮時分，將會爲利西藏人民、眾生而親身前來。之後，爲了救護王子的血脈，傳授了像如意寶一般的十三個竅訣。其中首先承諾道：「霍蒙進犯軍隊繞邊境，威聖法輪瀕臨毀壞時，無有二心懷疑而祈請，烏金天龍八部眷屬繞，回遮霍蒙軍隊無懷疑。」此即當今的岭大獅珍寶降魔尊是也。

具恩蓮師前去西南羅刹境後，穆赤贊布王子及其子赤熱巴堅執掌王權的多年之後，具有福德的西藏些許皇嗣被障礙所轉，邪願魔族的時代來臨，由於過去興建恰榮卡秀塔❹時顛倒發願的邪願成熟，出現了由魔在西藏王嗣化成的一個國王，名爲朗達，從內毀滅佛教。西藏三區分崩離析，如日昇天的政教雙全之教法，變得有如黑暗一般。往昔「堪師君三尊」時期對

❹「恰榮卡秀」在藏文中意為「脫口允行」，而恰榮卡秀塔即今日尼泊爾加德滿都的博達滿願塔。

佛陀聖教極度不懷好意的苯教上師和苯教臣子們，在臨終許下邪願而死去。彼等與違背誓言的邪惡魔族、人及非人們認為已找到再次對佛教製造障礙的時機。以前西藏國王們於全盛時期，在西藏各邊境設郡、安置郡主、臣眷及將軍。苯教的邪願壞誓厲鬼們，投生為彼等當中的群主，自立為王，邪惡的妖鬼和羅剎眾則投生為彼等臣屬和具有幻術的將軍。此外，他們還投生成霍爾和蒙古等野蠻國度裡的王、臣、將軍，彼此內外陰謀聯繫，亟欲將珍寶佛教連根摧毀。

就在他們的惡思暴行展開之際，清楚無礙明瞭三世的蓮花生大阿闍黎，往昔有「回遮霍蒙軍隊無懷疑」之承諾，在明白降伏教敵的時機已至後，投生到多康下部精華地帶的岭境「見則皆願」，成為族系圓滿父母之子。他自出生的那天起，即以隱身之姿，透過多門神通，消滅、權攝許多邪惡的人、非人及魔類，將彼等安置於佛法，示現不可思議行持。

在他即將投生世間人界時，為使聖域和西藏的聖賢大士、天神、勇父及空行前來襄助而召喚彼等心意，往昔安住在印度聖域和西藏雪域的聖士夫、成就者們也投生為岭國王之眷屬、將領。

不僅如此，紅馬頭明王尊也幻化成狂放神駒前來，凡此種種神奇事蹟不可思議。三根本天尊眾和驕慢八部軍團亦與他寸步不離地一心守護及襄助。爾後，此贍部洲中霍爾與蒙古二者爲首的所有邊鄙軍隊，以及一切新出現的邪惡人、非人與暴戾有情，均遭現行威猛之軍隊殲滅。於是佛陀珍寶教法無遠弗屆地廣傳綿延，示現了如此不可思議的卓越佛行事業。在佛教遭逢毀壞之際，使之再度顯現爲如日昇天者，即是此戰神之王，是故對於整個贍部洲，尤其是對西藏雪域人民有著特別的恩德。

如此這般的三部❺和蓮師之幻化——格薩爾大士——若依爲上師則有大加持，若依爲本尊則速得悉地，若依爲護法則具大威力，較其他世間天神更爲超勝。

---

❺指三怙主：文殊、觀音、金剛手。

格薩爾王上師瑜伽講授

首先唸誦〈蓮師七句祈請文〉，在唸誦的時候，一心祈求蓮師，唸誦三遍，心不散亂地一心祈求蓮師。接下來是皈依、發心：

ཧཱུྃ་ཧྲཱིཿ

吽舍

རྩ་གསུམ་ཀུན་འདུས་གེ་སར་ཡིད་བཞིན་ནོར། །

三根總集格薩如意寶

ཁྱེད་ལ་སྐྱབས་སུ་མཆིའོ་སེམས་ཅན་ཀུན། །

皈依於您一切有情眾

སྲིད་གསུམ་འཁོར་བའི་སྡུག་བསྔལ་རྒྱ་མཚོ་ལས། །

三有輪迴痛苦大海中

མྱུར་དུ་སྒྲོལ་བའི་མཐུ་ནུས་བདག་ལ་སྩོལ།

賜我迅速度脫之大力

唸誦這段詞句時，一心向格薩爾祈求：「請您加持我得以利益有情。」接著是七支供養的段落。首先是頂禮：

ཨ་དགྲ་ལྷའི་རྒྱལ་པོ་རིག་སྟོང་གཉུག་མེད་གཤིས། །

阿 戰神之王覺空原始性

རང་ངོ་ཤེས་པའི་ངང་ནས་བཏུད་ཕྱག་འཚལ། །

了知本來面目而頂禮

「戰神之王」格薩爾乃是自己的明覺，首句說明格薩爾與自心或是所謂的明覺是一樣的，在知曉格薩爾與自己的明覺本性無別之後進行頂禮。

དངོས་འབྱོར་ཡིད་སྤྲུལ་ཕྱི་ནང་མཆོད་སྤྲིན་འབུལ། །

實有意幻外內供雲獻

自己向格薩爾獻上實際擁有或是心意幻化出的種種供品，這是向格薩爾獻供。

ནོངས་པ་གང་མཆིས་ཁྱེད་ལ་སྙིང་ནས་བཤགས། །

向您誠心懺悔所有罪

若自己有做了使格薩爾感到不歡喜之事，例如未能遵守業因果，則祈請道：「請您不要生氣，我向您懺悔。」

གསང་གསུམ་རྣམ་ཐར་རྒྱ་མཚོར་རྗེས་ཡི་རང་། །

三密解脫大海我隨喜

思惟格薩爾的身功德、語功德、意功德之後，我深感歡喜與隨喜。

མཐའ་ཡས་འགྲོ་བ་འདུལ་བར་ཐུགས་དམ་བསྐྱིལ། །

召請調化無量有情意

如是祈請格薩爾：「期盼您調伏世間界所有的有情，將彼等安置在佛果位。」

གཏན་དུ་མི་བསླུའི་བློ་གཏད་ཁྱོད་ལ་འཆའ། །

永不欺誑心思寄託您

如果將心思寄託在您身上，您絕對不會對我欺誑，所以我誠心寄託，我若向您祈求，您永不會欺誑我。

མཁའ་ཁྱབ་ཕན་བདེའི་དཔལ་དུ་རྟག་གྱུར་པ། །

恆為遍空利樂之豐饒

周遍虛空的一切有情暫時於此生的助益以及來生的安樂，您都能夠成辦。

ཐམས་ཅད་མཁྱེན་པའི་ཡེ་ཤེས་བདག་སྒྲུབ་ཀྱི། །

我要成辦一切遍知智

我希望能夠得到一切遍智——佛的果位。

སྲས་བཅས་རྒྱལ་བའི་ཕྲིན་ལས་དཔའ་བོ་ཡིས། །

勝佛菩薩事業勇士力

您乃是行使一切諸佛菩薩佛行事業的勇士。

བདག་གི་ཡིད་ལ་རེ་བ་ཡོངས་རྫོགས་མཛོད། །

祈請圓滿吾心諸期盼

我心期盼得到佛果，祈求您成全。以上是七支供養。接著是眞正的修持儀軌：

མདུན་ནམ་མཁར་འཇའ་འོད་འཁྲིགས་པའི་ཀློང་། །

前空虹光團廣界

རྩ་རྩ་གསུམ་དགྲ་ལྷའི་སྤྲིན་ཕུང་ལས། །

三根戰神雲團中

ཕ་སྐྱེས་མཆོག་ནོར་བུ་དགྲ་འདུལ་རྩལ། །

聖父珍寶降魔力

བྱིན་ཐིབས་སེ་དགྱེས་ཞལ་ངོམས་བཞིན་བཞུགས། །

加持滿聚笑顏住

在前方虛空中，由彩虹和光交織的廣界裡，有眾多上師、本尊、勇父、空行們如同雲團一般安住著。

在這中央，安住著有如一切有情父親的聖士夫珍寶降魔格薩爾。您的身、語、意當中，灌注著一切諸佛的加持。您面帶微笑地看著我，如此安住著。

མགོན་རྒྱལ་བ་ཀུན་འདུས་ཐུགས་རྗེ་ཅན། །

勝佛總集大悲怙

དཔལ་ཨོ་རྒྱན་ཆེན་པོའི་སྒྱུལ་པའི་སྐུ། །

烏金大聖幻化身

རྗེ་རིགས་གསུམ་གཅིག་འདུས་སེང་ཆེན་རྒྱལ། །

三部總集大獅王

「勝佛總集大悲怙」，怙主您是一切諸佛、菩薩、上師、本尊、空行總集爲一，具有大悲心。「烏金大聖幻化身」，您是蓮花生大士實際的化現。「三部總集大獅王」，您集三部於一身：身部文殊師利、語部聖觀音、意部秘密主金剛手。這三部總集於一，就是大獅王您。

བུ་མོས་གུས་བཟོད་མེད་གདུང་ཤུགས་ཀྱིས། །

虔敬難忍感動兒

ཕ་ཁྱོད་ལ་གསོལ་བ་སྙིང་ནས་འདེབས། །

誠心祈請父親您

這裡的「兒」，是說我就像是您的兒子，兒子我以無法忍受的信心、虔敬與無量感動向您祈求。而您像是我的父親，我至心向您祈求。

ཐུགས་འོད་གསལ་འཕོ་འགྱུར་མེད་པའི་ངང་། །

無轉光明心意中

བྱམས་སྙིང་རྗེའི་སྤྲིན་ཆེན་རྟག་ཏུ་འཁྲིགས། །

慈悲大雲恆常聚

「無轉光明心意中」，格薩爾王您的心意不會像世間輪迴者一般有所轉變。雖然心意無有轉變，您卻恆時具有慈悲。這裡以大雲爲譬喻，虛空是不會轉變的，但是空中總有大雲團聚，同理，您的心意當中無有轉變，而是如同空中恆有大雲一般，總是具有大悲心。

ལས་སྨོན་ལམ་མཐུན་པའི་གདུལ་བྱ་ལ། །

業願道順之所化

བྱིན་བརྩན་ཐབས་འབེབས་པའི་ཐུགས་རྗེ་ཅན། །

猛霖加持大悲尊

「業願道順之所化」，我們是過去生與您有業、願的所化有情。對於我們這些具有相順業、願的所化眾，請您強力將加持降臨、傾注給我們。

དཔལ་དགྲ་ལྷའི་སྐུ་ཆས་རེ་རེར་ཡང་། །

威德戰神各裝束

ལྷ་རྩ་གསུམ་དཀྱིལ་འཁོར་གྲངས་ལས་འདས། །

三根壇城不可數

དྲན་ཙམ་གྱིས་བྱིན་རླབས་དབང་ཆེན་ཐོབ། །

念即得加持灌頂

格薩爾王有許多戰神的裝束，有帽子、衣服、手中的弓箭，頭上有許多標誌，如此這般有許多配件。每一件上面都有很多天尊，像是弓箭上面就有很多天尊。箭上、弓上、帽上、鞋子、衣服上，都有不可思議的三根本壇城。祈願僅僅藉著心中憶念，就能得到您的加持和大灌頂。

ཡབ་དཔའ་བོའི་བྲོ་བརྡུངས་ཁྲབས་སེ་ཁྲབ། །

父尊勇父舞翩然

ཡུམ་དཔའ་མོའི་གླུ་ལེན་ཤ་ར་ར། །

母尊勇母歌嘹亮

རྟ་འདོ་རྗེའི་ཏེར་སྒྲ་ལྡངས་སེ་ལྡང་།།

馬王嘶鳴聲震響

དཔའ་དགྲ་ལྷའི་བཞད་སྒྲ་ཆེམས་སེ་ཆེམ།།

威勇戰神笑聲朗

格薩爾王他自己以及他的所有父尊眷屬們跳著舞，他眷屬中的所有女士則唱著歌。格薩爾的三十隻馬王口中全都發出朗朗長鳴。格薩爾王等一切天尊口中發出「哈哈、嘿嘿」的朗朗笑聲。

སེམས་སོས་དུང་ཅན་གྱི་སྐྱེ་བོ་ལ།།

對於誠心之士夫

དམ་མ་གཡེལ་མ་གཡེལ་བྱིན་གྱིས་རློབས།།

莫忘誓言賜加持

「對於誠心之士夫」指的是對您有信心的人，我是對您有信心的人。對於我們這些對您有信心的人們，請您不要分心，當下迅速賜予加持。

ལུས་འདི་ལ་དགྲ་ལྷའི་དཔའ་རྫོང་ཚོས། །

於身住戰神勇堡

ངག་འདི་ལ་འཕྲུལ་གསུང་དབང་ཞིག་བསྐུར། །

於語賜幻語灌頂

སེམས་འདི་ལ་བདེ་སྟོང་རིག་རྩལ་སྤོར། །

於心增樂空覺力

རྗེ་ཁྱེད་དང་དབྱེར་མེད་འགྲུབ་པར་ཤོག །

願我與您成無別

請將我的身體當作是您的房舍而安住，將我的身體化作神堡。請您加持我的語，使之與您的語相同。請以您的意加持了我的心之後，讓我能夠認清明覺的本來面目。「願我與您成無別」，願我與您格薩爾王成為無二無別。

接著，一心虔信，盡可能地唸誦「上師知」བླ་མ་མཁྱེན། 。然後再於虔信之中，盡可能地唸誦「上師聖士如意寶珠知」བླ་མ་སྐྱེས་མཆོག་ཡིད་བཞིན་ནོར་བུ་མཁྱེན། 。接著唸誦「嗡阿吽　班匝瑪哈咕如　瑪尼惹匝　薩爾瓦思帝　帕拉吽」ཨོཾ་ཨཱཿཧཱུྃ་བཛྲ་མ་ཧཱ་གུ་རུ་མ་ཎི་རཱ་ཛ་སརྦ་སིདྡྷི་ཕ་ལ་ཧཱུྃ།，累積唸誦百遍或千遍。

在這之後，觀想前方虛空中的格薩爾王與眷屬眾全部融入了自己，心想格薩爾王的身、語、意與自己的身、口、意變成同一無別後打坐❻入定。看你想要打坐入定多久就待多久。在打坐結束之後，唸誦以下的詞句。

---

❻此處提到入定時，仁波切直接用漢語中的「打坐」一詞，故保留打坐二字。

དེ་ལྟར་གསོལ་བ་བཏབ་པའི་རྟེན་འབྲེལ་གྱིས། །

藉由如是祈請之緣起

རིགས་གསུམ་པད་མའི་སྒྱུ་འཕྲུལ་དགྲ་ལྷའི་རྒྱལ། །

三部蓮師幻化戰神王

ཡིད་ཀྱི་ཨུཏ་པལ་གཞོན་ནུའི་དབུས་བཞུགས་ནས། །

於我心之烏芭鮮花住

རེ་འབྲས་ཡིད་བཞིན་འགྲུབ་པའི་དངོས་གྲུབ་སྩོལ། །

賜我滿足願求之悉地

ཆོས་སྲིད་ལེགས་ཚོགས་འཕེལ་བའི་བར་ཆད་དགྲ། །

政教善妙與隆障礙敵

希塔療癒——你與造物主

——加深你與造物能量的連結

作者／維安娜·斯蒂博　譯者／安老師（陳育齡）　定價／400元

這是一本與一切萬物的造物主深入溝通的指南
學習辨別信念層面和各種觀點的運作，
便能和造物主建立清晰和開明的溝通！

本書為《希塔療癒》《進階希塔療癒》《希塔療癒——信念挖掘》的必備配套書。

解釋當我們進入希塔大腦狀態時，如何與造物主聯繫，進一步發現並改善這種連接，以實現深層的內在療癒與精神昇華。

禪修救了我的命

——身患惡疾、卻透過禪修痊癒的故事

作者／帕雅仁波切、蘇菲亞·史崔—芮薇　譯者／林資香　定價／500元

達賴喇嘛的一句指示改變了作者：
「你為何向自身以外尋求療癒？療癒的智慧就在你的內心。」

作者曾遭受三個月的酷刑和監禁，使他的右腳踝面臨截肢手術。透過每日超過十二小時的禪修，他的傷口竟漸漸康復。作者認為，這並非奇蹟，只要選擇我們認為最適合自己的修行方法，並運用我們的心智能量，便是通往療癒的道路。

《心經》的療癒藝術

——色與空的極致視覺體驗

作者／葆拉·荒井（Paula Arai）　譯者／雷叔雲　定價／1000元

達賴喇嘛盛讚：「他的畫有一種力量，能表達佛教和科學兩者看待實相的共鳴之處。」

本書共收錄五十多幅日本書法家兼畫家岩崎常夫的畫作。
岩崎畫作的特殊之處在於融入以細密字書法抄寫的《心經》。他的精神體現在每一筆觸中，期許繪畫能超越語言障礙，讓不同文化的讀者感受到《心經》的智慧與慈悲力量，從視覺上開始親近佛法。

我是對的！為什麼我不快樂？

終結煩煩惱惱的幸福密碼

作者／江宏志
定價／380元

有時候，不是身邊沒有好事，
而是我們總聚焦在別人的缺失。
當你看見美好，那一切都會很好！

人生路上，我們總想證明自己是對的。

連續假期在高速公路遇到惡意逼車，你破口大罵，對方揚長而去後，你在車上繼續痛罵，持續了整趟路程。你是對的，但毀了出遊的興致。

我是對的，這四個字最可怕！

作者從生活中的真實事件出發，找出這些小事中的「幸福密碼」，進而分享與提醒讀者，如果我們選擇看別人的功德（Good）而不是缺失（No Good），或許幸福沒那麼難。

延伸閱讀

佛法的喜悅之道
定價／350元

在家居士修行之道
印光大師教言選講
定價／320元

一行禪師 你可以不生氣
佛陀的最佳情緒處方
定價／250元

བསམ་པ་ཙམ་གྱིས་རྫིང་མེད་ཐུལ་བར་ཤོག། །

願僅思之即摧滅殆盡❼

我向您祈求之後的成果，是期盼三部怙主總集於一的化現——幻化戰神王——能夠安住在我的心中，此處以花為喻，總之是希望您的加持注入我的心，賜予我得以如意成辦所願的悉地。不論是自己修持佛法過程的障礙，還是他人修持佛法遇到的障礙，凡是對於佛陀聖教製造障難者，若有對佛教興隆製造障礙的敵人，願僅透過自己在心中對您生起信心而消失。

可以了嗎？懂了嗎？如果平常可以唸誦，可以唸誦供奉這個小小的格薩爾的儀軌❽，要不就每個月唸個一兩次，或是每星期唸一次，要安置神飲，不要只是唸過去而已，要稍作供奉

❼此願文並不包括在格薩爾王上師瑜伽之中，但是當時仁波切傳授此法時，請法單位印製的法本裡包括了此願文，是故我們也在附錄三中加入這段願文。

❽此四句供奉簡軌請見本書附錄。

來唸誦。[9]可以供茶，可以供酒，可以供牛奶。[10]供完之後，台灣可能沒有處理供物的地方，可以把供物裝進袋子，有乾淨的地方就放在淨處，沒有的話，也可以放入垃圾桶。

你們都聽過很多「暇滿難得」的道理。人身寶是難以獲得的，而我們已經得到這難得的人身。不只是得到人身，在人身當中，我們諸根具全，已經得到耳朵、眼睛、思考全都完好的一個人身。在這之上，要能夠產生對正法有信心和虔敬的想法是很困難的。儘管如此，在座各位全都是稍有信心而前來，沒

---

[9] 仁波切在此以漢語說：「供養一點點，很多不要。」

[10] 關於供奉格薩爾王的作法，揚唐仁波切另曾如是開示：「不論是茶、酒、牛奶還是果汁都可以，擺放在乾淨的神飲容器。一天當中，什麼時候要把擺放的供品處理掉都可以。想唸供奉格薩爾儀軌的話，裡面有四句。可以早上唸，可以中午唸，在出門的時候唸也可以，在車子裡唸也可以，在坐飛機也可以唸，想什麼時候唸都可以。在辦公室也可以邊工作邊唸，什麼時候唸都可以。晚上回來就把神飲給供掉，回家就把神飲處理掉就可以了。有要供朵瑪的話才需要供，不然什麼都不需要，想要獻上供品是可以的，而神飲是一定要的。要在早上一早擺設好，可以放個一天，你不論去了哪裡都可以唸，晚上回來就把它供掉。」以上截自揚唐仁波切二〇〇九年在馬來西亞亞羅士打傳授格薩爾灌頂的開示內容，非常感謝馬來西亞寶蓮禪寺提供的珍貴影片。

信心是不會來的，應該都是稍有信心的。你們有些人有在關注、實修五加行，包括共同外加行和不共內加行等等。這是對佛法有信心才會去實修，對佛法沒信心的話是根本不會去修的。[11]除此之外，你們有許多人有在實修大圓滿，這是你們相續中有認爲修行佛法對你們有點幫助、對佛法具有信心的徵相，這是相當好的。

一般來說，世上對佛法有信心的人是相當稀少的。我們來思考一下，世間界裡面，就以這南贍部洲的人口來說，據說大概有四十億人。在這裡面，對佛法有信心者不超過十萬人。所以如果拿世上的人口跟對佛法有信心的人來比較，已經是天壤之別了。而在場諸位都對佛法有信心，這是自己過去生累積資糧的果實。但是要是說起修持佛法者，就不知道有沒有十萬人了。以這些人來說，眞正對三寶有信心、不去從事世間輪迴瑣事，這樣純正修行佛法的人連一百個都沒有。所以說，純正修

[11] 以上內容係根據現場錄音內容，將仁波切的開示重新逐字直譯為中文。非常感謝黃紫婕提供的錄音資料。之後的內容則根據現場錄影，將仁波切的開示重新逐字直譯為中文。非常感謝周相如提供的影片資料。

行佛法者是很稀少的。

以我來說，我不過是修行者的影子，你們看我像是個修行人，往裡頭一看，滿是煩惱五毒，這種修行人在現今世界上還稍微有一些。而眞正表裡如一、心中眞正有佛法的是很稀少的。在場諸位在修行佛法的時候，不要去弄那種用來秀給別人看的佛法。就算沒辦法修行很多佛法，就算只是修少少的，也不要是去秀給別人看，而是自己要眞正有一片清淨心。不管是在禪修還是供養，不要拿來炫耀，我期盼你們是自己一片清淨心，是在思考來生之下來修行佛法。

現在我們要仿照往昔上師那樣，在沒有散亂當中終生修行佛法，完全不碰世間輪迴事，這根本是做不到的。我們現在完全沒那個閒暇，如果要修行佛法，早上可以盡可能修一些，晚上可以盡可能修一些，除此之外，如果是自己的事業，必須要去工作，如果是公家的工作，也是不得不去上班。除了早上稍有空檔、晚上稍有空檔之外，沒有空修行佛法。

早上又沒辦法早起，因爲想睡覺，而晚上也沒辦法修到很晚，因爲想睡覺，所以修行佛法的時間並不多。所以如果能夠有早上兩個小時、晚上兩個小時的空檔來修行佛法，就是第一名了。在那一兩個小時期間修行佛法的時候，要一片清淨心，不要是爲了炫耀，時間很少，只有兩三個小時而已，在這麼少的時間當中修行佛法，就要以清淨心來修持，要想著利益自他一切眾生，好好地修持佛法。

主要是你們要我講實修，如果要實修，首先要修「四轉心法」，平時每天在心裡面不能忘記「暇滿難得」「壽命無常」「輪迴過患」和「業因果」。可以短短地思惟一下，不需要看著經論去做很多思惟，要想到人身是難以得到的，這是其中一個要思惟的。然後要想，雖然得到了人身，很快就會死亡。然後要想到，在死去的時候，業因果是不虛妄的，由於業因果不虛妄，我如果現在不好好地修持，死亡就會經歷痛苦，必須完整思惟暇滿難得和業因果等四者。

之後，若要從輪迴痛苦中救拔出來，除了三寶之外，沒有能救拔我們者。要想著：「請三寶眷知我的此世、來生和中陰三個階段。」要對三寶生起信心，這就是皈依了。接著想著：「願自、他一切有情得到三寶之果位！」這就是發心了。心裡想著將自己的財富受用以及世間界所有物品獻給三寶，這就是供曼達了。祈請金剛薩埵淨除自己所造的一切罪業和蓋障，唸「嗡班匝薩埵吽」「嗡班匝薩埵吽」唸個七遍，這就是金剛薩埵的觀修唸誦了。

接著是上師瑜伽，實修的眞正根本就是上師瑜伽。平常你想要打坐⑫時，在打坐前都需以上師瑜伽爲起手式。每個伏藏師有各自的上師瑜伽，我不知道各位唸的是哪一個，每個伏藏師有各自的上師瑜伽，像寧體等各式各樣的上師瑜伽。不論你是唸哪一個上師瑜伽，就按照那個上師瑜伽裡面的內容，祈請、在頭頂觀想上師、領受上師身語意的灌頂等等所有段落，凡是法本裡面有的都要唸，這些你們全都已經知道了。

修持上師瑜伽，領受四灌頂，上師融入自己，在這之後就是打坐的段落。入定之後，觀己心而入定，必須要認持自心面目，即明覺的本性。若已認持明覺本性，那就是已經連接到實

---

⑫「打坐」在此特指大圓滿的入定修持，仁波切開示時直接用漢語「打坐」，故此處保留。文中有出現打坐二字處皆如此處理。

修了，倘若未認持明覺本性，那你們不管在那邊坐多久，都不會是大圓滿。大圓滿必須要認識明覺，如果認清了明覺本來面目，才是大圓滿。如果沒有認識明覺本來面目，任你坐多久都不是大圓滿。

現今你們有很多人在做禪修，我們到印度和其它地方時，有外國人前來，就這樣端坐著，兩三個小時身體一動也不動，可以這樣閉著眼睛坐著。儘管如此，裡頭有沒有認持明覺就不知道了。坐姿是相當好、與眾不同，可以維持很長的時間，在外國可以這樣坐，坐姿是相當好的，然而我並不知道他們有沒有認識到明覺本來面目。如果沒有認清明覺本來面目，就算坐個一個月也不是大圓滿。所以說，主要是要認持心中的明覺。⑬

⑬仁波切在這之後講述了認持明覺以及入定相關的內容，由於牽涉到大圓滿密法，故無收錄於此。

4

〈山淨煙供〉講解

時間：二〇〇九年五月

地點：寧瑪巴白玉塔唐佛學會

我不太會講〈山淨煙供〉❶的內涵。過去拉尊南卡吉美❷在西藏的時候，蓮師交代說：「你要去錫金開啓聖地之門。」他途經拉薩，到了衛藏地區鄰近錫金的地方時，耶喜措嘉空行母對他說：「此乃開啓錫金聖地門之要件。」於是授他此法。❸

耶喜措嘉所傳授的就是我們現在這一頁法本，而前面的皈依、發心和七支供養，是將拉尊南卡吉美的《持明命修》開頭的皈依、發心等彙編過來的，在耶喜措嘉傳授的時候是沒有這些段落的。所以開頭就以口傳的方式唸過去，因爲如果要講解皈依和發心等段落會延誤了時間。❹

之所以稱爲〈山淨煙供〉的原因，其實我也不清楚。而所謂的「桑」（淨煙），是消除自己所有不淨，使其淨化，這

---

❶〈山淨煙供〉儀軌請參見附錄四。

❷拉尊南卡吉美於十七世紀前往錫金開啓聖地門，揚唐仁波切被公認為拉尊的無謬再來人。關於拉尊的生平及轉世世系，請參見揚唐仁波切傳記《我的淨土到了》一書。

❸這場開示係根據現場錄音內容，將仁波切的講解逐字逐句重新從藏語直譯為中文。非常感謝秋竹仁波切及他的中心執事人員所提供的錄音資料。

❹此後仁波切進行了皈依、發心等段落的口傳，由於沒有加以解釋，故此章未包含口傳內容。欲見包括口傳段落和煙供儀軌的完整內容，請見附錄四。

就是「桑」，這是淨化自己相續中的罪、障、息氣以及一切惡緣、障礙的方法。煙供即淨化自己的一切習氣、惡緣的方法。〈山淨煙供〉實際上從這裡開始：

བྷྲཱུྃ༔ རིན་ཆེན་སྣ་ཚོགས་དྭངས་མའི་སྣོད་ཡངས་སུ༔

仲　各式珍寶廣大淨器中

其實我也不太會解說，是他（指秋竹仁波切）要我講解，我也不能說不要。淨煙有外淨煙、內淨煙、密淨煙，有如此外內密三種淨煙。首先需要有一個進行煙供、放置煙供品的容器，在容器當中需要放置相關物品，接著點燃之後，以煙作爲供養。

首先是「仲」བྷྲཱུྃ༔字，這個字有什麼意涵呢？我們在觀想生起天尊或是越量宮，都有使其生起的本基。如果需要生起天尊，大概首先要先觀想從吽字或是舍字等字生起，這是生起的本基。我們首先獻上外淨煙，在開始的時候，爲了生起放置煙供品的容器，首先觀想生起仲字。

這個是什麼樣的容器呢？「各式珍寶廣大淨器中」一句提到，是由各種珍寶製成的一個容器，這個容器要非常乾淨，沒有染污，不為二相執取之塵垢所染。這個容器並不是小小的，而是又廣又大，最好是如三千大千世界一般大，要不就是要跟南贍部洲一樣大。

འདིག་རྟེན་སྲིད་པའི་འདོད་རྒུ་དམ་ཚིག་རྫས༔

世間所有欲求誓言物

在容器當中放置什麼呢？舉凡世間所有一切滿足願求之物，像是旃檀、各式藥物、各種花、各種衣服等等，這就是所謂欲求的誓言物。而誓言物所指的是，如果天尊和人之間有矛盾，就會擾亂天尊心意，而誓言物乃是消除天尊與人之間矛盾的物品。同樣地，上師和弟子之間或是師兄弟之間若有矛盾，誓言物可消除此中矛盾。

འབྲུ་གསུམ་ཡེ་ཤེས་བདུད་རྩིར་བྱིན་བརླབས་པས༔

三字加持成為智甘露

སྣང་སྲིད་མཆོད་པའི་འདོད་རྒུར་འཁྲིགས་པ་འདི༔

萬象紛呈所供之希欲

當所有物品已放置在容器後，以「嗡阿吽」這三字將之加持為智慧甘露。需要透過這三個種子字的加持，將所有物品轉化為智慧甘露。整個世間界遍滿了供品，一切萬象皆成供品，以隨機應化、滿足各自欲求。紛呈一詞指的是廣大成堆之意。而獻供的對象是誰呢？

བླ་མ་ཡི་དམ་ཌཱ་ཀི་ཆོས་སྐྱོང་དང༔

上師本尊空行及護法

ཕྱོགས་བཅུ་རྒྱལ་བའི་དཀྱིལ་འཁོར་ཇི་སྙེད་དང༔

十方所有勝佛之壇城

上師乃是從法身普賢王如來以來直至現在的根本上師之間的三重傳承❺上師。本尊方面，以新譯派來說，有父續密集金剛、母續勝樂金剛、無二續時輪金剛等眾多本尊。以舊譯寧瑪派來說，本尊有修部八大法行等等，生起次第瑪哈瑜伽、口傳阿努瑜伽以及大圓滿阿底瑜伽法類之中有眾多本尊，有如此這般本尊及其眷屬。空行是五部空行，像是金剛亥母、唯一母尊耶喜措嘉、五部空行等爲主的一切空行。護法是往昔在釋迦牟尼佛和蓮花生大士尊前立誓承諾守衛佛陀聖教的一切護法神。在東南西北等十方的五方佛淨土等等，有眾多不可思議之淨土，所有座落在淨土當中的壇城。

འཛམ་གླིང་གཞི་བདག་རིགས་དྲུག་ལན་ཆགས་མགྲོན༔
贍洲地神六道宿債賓

贍部洲當中的地神，地主和地神，在所有的山裡面都有掌

---

❺三傳承：勝者密意傳承、持明表示傳承、補特伽羅耳傳。

管土地的地神。至於「賓」，所謂的「三寶尊上賓」是之前提到的上師、本尊等眾。「怙主功德賓」指的是一切護法。所謂的「六道悲心賓」即是六道一切有情。「魔擾業債賓」指的是要傷害自己的所有魔類和非人。而這裡的「六道宿債賓」是過去世的冤親債主，不論所欠的是財物的債還是食物方面的債，全都包括在這裡。所謂的「宿債」，就是如果過去生殺了人，則有短命的宿債。若是搶奪財物，則有貧窮的宿債，這些宿債都需要清償。而特別的賓客又是誰呢？

ཁྱད་པར་བདག་གི་ཚེ་འཕྲོག་སྲོག་རྐུ་ཞིང་༔

尤其搶奪吾壽竊命者

ནད་གཏོང་བར་ཆད་རྩོམ་པའི་འབྱུང་པོ་དང་༔

致病製造障難之炯波

རྨི་ལམ་རྟགས་མཚན་ངན་དང་ལྟས་ངན་རིགས༔

惡夢惡徵以及惡兆類

སྲེ་བརྒྱད་མ་རུང་ཚོ་འཕྲུལ་བདག་པོ་དང་༔

凶惡八部以及神變主

特別是搶奪自己的壽、竊取自己的命者，像是妖鬼等等讓我們短壽的偷竊壽命者。「致病」指的是對自己身體散播各式各樣的疾病，「製造障難」指的是對自己想要達成的目的製造障礙，或是造成壽障的炯波，乃至詛咒自己者。還有讓自己做惡夢、製造種種惡劣徵相與種種惡兆、讓你看見種種惡兆者。凡此種種星曜魔、龍族、凶惡八部等等，還有在世間界當中能夠展現各種神變之主。

ཟས་དང་གནས་དང་ནོར་གྱི་ལན་ཆགས་ཅན༔

食物住所財寶之債主

གྲིབ་བདག་སྨྱོ་འདྲེ་ཕོ་གཤིན་མོ་གཤིན་དང་༔

晦主瘋鬼男女閻魔眾

過去生自己搶奪他者的食物而有食物方面的業債，過去生搶奪了別人的住所、家宅等等而有住所方面的宿債，過去生由於搶奪他人財寶而有財寶方面的宿債。

「晦主」是對自己的身體施放晦氣者。在外國和印度沒有所謂的晦氣，醫生們都不知道什麼是晦氣，而我們西藏人有談到晦氣。晦氣可透過吃骯髒的食物、穿骯髒的衣服而傳播，這是食晦與衣晦。另外，接觸到不淨的病人而染上的晦氣是病晦。總之，會沾染到晦氣有很多因素，這是晦主的意思。另有讓所有人瘋癲的妖鬼稱為「瘋鬼」，近來這裡有很多這種情形呀！這些是妖鬼所造成的傷害，稱為瘋鬼。投生為男鬼和女鬼的稱為男閻魔、女閻魔。

གྲི་བོ་ཐེ་རང་གྲོང་སྲིན་འདྲེ་མོ་བཙས༔

尺窩特壤城刹女鬼等

ལན་ཆགས་དམར་པོའི་མེ་ལ་འཇལ་ཏེ་བསྲེག༔

紅火當中償還焚宿債

རང་རང་ཡིད་ལ་གང་འདོད་འདོད་རྒྱའི་ཆར༔

各自心中所求滿願雨

「尺窩」是屬於八部當中，「城刹」是在城鎮當中飄蕩的凶惡女羅刹。❻除此以外，女鬼的種類也是不可思議。這些全部都是過去生欠債的對象。用火焚燒供物，藉此清償所有宿債。獻上的煙供滿足各自的欲求，有許多的八部、非人等妖鬼賓客，一切妖鬼不論心中想要什麼，想要食物就給食物，想要焚香就給焚香，不論想要什麼，都順著他們的欲求，像是滿願之雨。

ཇི་སྲིད་ནམ་མཁའ་གནས་ཀྱི་བར་ཉིད་དུ༔

乃至只要虛空依舊在

---

❻「尺窩」和「特壤」因難尋得相對應的中文字，故此處保留藏音。仁波切沒有多加解釋「特壤」為何。

འདོད་པའི་ཡོན་ཏན་ཟད་པ་མེད་པར་བསྔོ༔

迴供所欲妙物無窮盡

བདག་གི་དུས་གསུམ་བསགས་པའི་སྡིག་སྒྲིབ་དང་༔

我於三世所積諸罪障

獻供的時間也不是短短的一兩天而已，只要虛空還在，就持續獻上所欲妙物、無窮盡的妙欲。藉此煙供的福德，來淨化過去、現在、未來等三世所造的一切罪障。

དཀོན་མཆོག་དང་གཤིན་དཀོར་ལ་སྤྱད་པ་རྣམས༔

受用三寶冥陽信財食

སྦྱིན་སྲེག་མེ་མཆོད་འདི་ཡིས་དག་གྱུར་ཅིག༔

祈願藉此火供盡淨化

自己往昔搶奪三寶的信食，人家供養給三寶的物品，沒有拿去供三寶而自己取用，這是很大的罪，這是所謂的三寶信食。爲了亡者和在世者，對自己生起信心做的供奉稱爲冥信供，食用這樣的信財是很糟的。願透過火供來淨化凡此種種一切罪。

མེ་ལྕེ་སྣང་སྲིད་གང་བའི་རྡུལ་ཕྲན་རེས༔
火焰遍滿萬象各火塵

ཀུན་བཟང་མཆོད་པའི་སྤྲིན་ཕུང་མི་ཟད་པ༔
無盡普賢供養妙雲團

རྒྱལ་བའི་ཞིང་ཁམས་ཡོངས་ལ་ཁྱབ་གྱུར་ཅིག༔
祈願周遍所有勝佛土

在獻供的時候，火焰並不是小小的而已，一個火焰便遍滿所有萬象，而一個火焰當中的每一個火微塵裡面都有不可思議的普賢供養雲，並且願此香氣和供品遍滿十方所有淨土。

མེ་ལྕེ་ཡེ་ཤེས་འོད་ལྔའི་མཆོད་སྤྲིན་ཟེར༔

火焰本智五光之供施

རིགས་དྲུག་མནར་མེད་གནས་སུ་ཁྱབ་གྱུར་པས༔

周遍六道乃至無間獄

ཁམས་གསུམ་འཁོར་བ་འཇའ་ལུས་འོད་སྐུར་གྲོལ༔

三界輪迴虹光身解脫

འགྲོ་ཀུན་བྱང་ཆུབ་སྙིང་པོར་སངས་རྒྱས་ཤོག༔

願眾於菩提藏中成佛

除此之外，這火焰、智慧之光周遍至六道、無間地獄。藉著火光周遍，願三界輪迴中的一切有情，得於虹光身中解脫，願一切有情究竟於菩提藏中得到佛果位。接著要反覆累積唸誦「嗡阿吽」。「嗡阿吽」是法身、報身、化身這三身之字。這三字有很大的功德利益，只要是咒語，沒有不包括「嗡阿吽」

的。以唸誦此三字百遍、千遍來獻供。

上師們有提到，有四個賓客無法被邀請前來。須彌山有四層，在第一層裡面有個叫「常眠」的，他總是在喝蜜酒，因酒醉而神智不清，這位是沒辦法邀請的。

在第二層有個叫「持鬘」的，在計算有情數目者，他手上拿著念珠，在那邊計算有多少有情投生在贍部洲，有多少死掉了，在那邊計算有情的數量。這位也是請不來的。

在第三層裡面有個叫「持瓢」的，他很擔憂大海會吞噬世界，還製作了一個大瓢子，一直在那邊把海水舀掉，深怕不舀水的話就會淹水。

在第四層有個叫「抱山」的，他一直抱著須彌山王，他覺得如果他不這樣抱著的話，山就會倒。其實海不會淹過來，山也不會倒下，這全部只是他們各自的感受。如果要請他們來作客，他們全部都不會有空，所以沒辦法請過來，而要把供品送過去。以上大概是外淨煙的部分，接下來應該是內淨煙的部分。

སྐུ་གསུམ་དག་པ་སྣོད་ཀྱི་གཞལ་ཡས་སུ༔

三身清淨器世宮殿中

ཆོས་ལོངས་སྤྲུལ་གསུམ་སྣང་སྲིད་གཟུགས་ཕུང་རྣམས༔

法報化身萬象諸色蘊

「三身」所指的是法身、報身、化身三者。「清淨器世宮殿」指的是欲界、色界與無色界三者。在我們不清淨的感知中，欲界、色界、無色界三者被視爲不清淨的世間界。而在清淨的感知中，欲界、色界、無色界三者乃是三身的淨土，所謂三身淨土，別此無它，這三者即是清淨之三身刹土。清淨與不清淨共享一基，並非是相異之基。在同一個基之上，清淨的感知所見皆完好，而不淨的感知所見皆污穢。

欲界、色界、無色界在清淨相中的三身淨土，有如煙供的容器一般。這裡面要放置什麼呢？「萬象諸色蘊」指的是世間界當中所有的色蘊，包括色、聲、香、味、觸等等一切五妙欲。

བདུད་རྩིར་ཞུ་བས་འཇའ་འོད་བར་སྣང་གང་༔

融為甘露虹光遍滿空

འཁོར་བ་མྱང་འདས་ཟག་མེད་བདུད་རྩིའི་བཅུད༔

輪迴涅槃無漏甘露精

了知萬象一切色蘊本來清淨，是故萬象諸色蘊融爲甘露之本性。在非不淨的感知，即在清淨的感知中，輪迴與涅槃之萬象諸法都已轉爲清淨相，這就是「融爲甘露」之意。既然轉爲甘露的本性，彩虹和光周遍整個天空。「輪迴涅槃無漏甘露精」，輪迴與涅槃諸法本來清淨，既然本性清淨，所以是無漏，如此甘露精華不會有漏、消失。

ཐོག་མེད་དུས་ནས་ད་ལྟ་ཡན་ཆད་དུ༔

自從無始以來至現在

སྣང་སྲིད་མགྲོན་དུ་གྱུར་པ་ཡོངས་ལ་བསྔོ༔

迴向獻予萬象一切賓

如此甘露精華獻予的對象爲何呢？是迴供給從無始以來到現在，世間界萬象當中所有的賓客。

ས་ལམ་འབྲས་བུའི་ཡོན་ཏན་མཐར་ཕྱིན་ཞིང༔

地道果之功德達究竟

ལྟ་སྒོམ་སྤྱོད་པའི་བར་ཆད་ཀུན་བསལ་ནས༔

去除見修行之一切障

獻給萬象所有賓客之後，祈願他們究竟十地、五道，得到圓滿的果，功德臻達究竟。他們在道上的階段，願他們沒有一切見、修、行的障礙，消除所有障礙。

ཆད་ཕྱུང་ཀུན་བཟང་ཐུགས་ཀྱི་མཁའ་དབྱིངས་སུ༔

絕妙普賢心意虛界中

གཞོན་ནུ་བུམ་སྐུར་གདན་སྲིད་ཟིན་པར་ཤོག༔

願於童瓶身中持恆境

願在平息一切障礙之後，達到究竟成果，於普賢王如來的心意虛空界之中，以童子寶瓶身執持永恆境界。「普賢心意虛界」指的是一切有情都有的基如來藏。童子寶瓶身是什麼呢？就是一切有情相續中的基如來藏，也就是所謂的明覺。我們實修佛法後，究竟現證基如來藏的實相時，這就是執持永恆境界「持恆境」的意思。

འཁོར་བའི་རྒྱ་མཚོ་ཆེན་པོ་སྟོངས་པའི་མཐར༔

掏空浩瀚輪迴大海後

འོག་མིན་པདྨ་དྲྭ་བར་སངས་རྒྱས་ཤོག༔

願於奧明蓮花網成佛

「掏空浩瀚輪迴大海」是什麼意思呢？當我們已從能、所二元執取的塵垢解脫出來，也就掏空了浩瀚的輪迴大海，若非如此，是無法使之消失的。在二元執取的塵垢殞落之後，即掏空了輪迴大海。願得不受制於二相之下，而在奧明蓮花網淨土成佛。❼以上是內淨煙的部分。接下來應該是密淨煙的段落，法本中提到：

ཕུང་ཁམས་བསྲེག་རྫས་བཀྲག་མདངས་གཟི་བརྗིད་འབར༔

蘊界焚物光輝威嚴熾

❼「奧明」為藏音，意為「不在……之下」。此處仁波切解釋為不在（不受制於）二元執取之下。

དཀར་དམར་བྱང་སེམས་བསྲེག་རྫས་བདེ་སྟོང་འབར༔

白紅菩提焚物樂空燃

སྟོང་ཉིད་སྙིང་རྗེའི་བསྲེག་རྫས་ཆོས་དབྱིངས་གང་༔

空性悲心焚物滿法界

「蘊界」指的是自己的五蘊、十八界、十二入等等，這一切都作爲所焚之物，光輝威嚴十分熾燃。「白紅菩提」是白菩提與紅菩提，亦作爲所焚之物。爲什麼要焚燒菩提呢？身體當中有脈、氣、明點。其中，明點有分成淨明點與不淨明點二者。這裡所指的「白紅菩提」雖是不清淨的明點，但卻是清淨明點之所依。眞正的清淨明點是菩提心，這是將白、紅明點稱作白、紅菩提的根本原因，而白、紅菩提在此作爲焚物，以樂空的本性來燃燒。從十方而來的廣大樂，其自性爲空，這是「樂空」之意。這裡有許多所焚物品，包括上一句的蘊、界和下一句的白、紅菩提，接下來還有焚燒空性和悲心二者。

「悲心」指的是對一切有情的悲心，而這裡提到「空性悲心」主要是什麼意思呢？若已好好地了悟空性的義理，由於空性當中不離悲心，所以自然會不離悲心地安住在空性之中，這是稱作「空性悲心」的根本原因。以上有三種所焚之物，而放置物品的容器是什麼呢？就是法界，所以提到「滿法界」。

སྣང་སྲིད་འཁོར་འདས་རྡོ་རྗེའི་འོད་ལྔའི་གཞིར༔

萬象輪涅金剛五光基

ལྷུན་གྲུབ་རྫོགས་སངས་རྒྱས་པའི་བསྲེག་རྫས་འབུལ༔

獻上任成圓覺之焚物

這裡獻供的內涵是什麼呢？「萬象輪涅」是指一些顯現之萬象、輪迴與涅槃的一切諸法。「五光」是五智之光，「五光基」是在五智廣界之中。當下即佛就是「任成圓覺」（任運成就圓覺），如果現在非佛，要在未來才成佛，就不是任運成就的佛了，而變成是依著因、緣而成的佛。於此是以任運成就的圓滿正覺、成佛之法作爲焚物來獻供。

སྔོན་གྱི་ལན་ཆགས་ཐམས་ཅད་བྱང་གྱུར་ཅིག༔

願得淨除往昔諸宿債

ད་ལྟ་རྒྱུད་ལ་མི་གནས་མཐོལ་ལོ་བཤགས༔

當下不住相續發露懺

མ་འོངས་སྒྲིབ་པའི་འཁོར་ལོར་མ་གྱུར་ཅིག༔

願於未來不成蓋障輪

如同前面所說的，一切往昔的宿債都藉此得以清淨。不僅是淨除所有宿債，連現在於相續中也一點都沒有留下，不留絲毫宿債。對於過往的宿債，發露懺悔。「願於未來不成蓋障輪」，未來在成佛方面，願此宿債不會造成蓋障。

སོ་ཐར་བྱང་སེམས་རིག་པ་འཛིན་པ་ཡི༔

別解脫及菩薩持明之

སྡོམ་བཅས་བསླབ་པ་གསང་སྔགས་དམ་ཚིག་རིགས༔

諸戒學處與密咒誓言

ཚོར་དང་མ་ཚོར་ཉམས་པ་མཐོལ་ལོ་བཤགས༔

有感無感衰損發露懺

對於外別解脫、內菩薩、密持明各自所有的戒以及一切秘密咒的三昧耶誓言，不論是在有意識之下衰損，還是在不明瞭的狀況下衰損，全都發露懺悔。

ནད་གདོན་གྲིབ་དང་མི་གཙང་དག་གྱུར་ཅིག༔

願除病魔晦氣與不淨

ནད་མུག་མཚོན་གྱི་བསྐལ་པ་ཞི་གྱུར་ཅིག༔

願息疾疫饑荒及戰爭

發露懺悔之後，願身體的所有疾病、妖魔、晦氣、不淨皆得淨化。也願世間界的各種疫情、各種饑荒以及所有戰亂皆得平息。

མཐའ་མི་དབུས་སུ་འོང་བའི་བསུན་མ་ཟློག༔

回遮進犯中土邊鄙人

ཆོས་མཛད་བླ་མ་གདན་འདྲེན་བར་ཆད་ཟློག༔

回遮迎請行法上師障

「回遮進犯中土邊鄙人」，過去蓮師的授記當中提到，到了某一時期，邊鄙人會來到藏地毀滅正法、聖教。有許多誓言破損的妖鬼會將邊鄙人迎來，此處是回遮這一切侵犯。「回遮迎請行法上師障」，空行會將所有修持正法的上師們迎請到清淨剎土去，此處是回遮空行迎請上師。

བོད་ཡུལ་བཀྲ་མི་ཤིས་པའི་ལྟས་ངན་ཟློག༔

回遮藏地不吉祥惡兆

གཟའ་ཀླུ་རྒྱལ་པོས་སྲོག་དབུགས་སྡུད་པ་ཟློག༔

回遮星曜龍王搜命氣

「回遮藏地不吉祥惡兆」，回遮西藏等所有佛法傳揚境域中的不吉祥惡兆。「回遮星曜龍王搜命氣」，現在有一些有情突然死亡、染病，這全部是星曜魔、龍族或是王魔所製造的危害。以前在佛陀、蓮師與上師們還在的時候，他們沒有辦法製造傷害。現在沒有壓制他們的人，所以開始製造傷害。他們會殺害我們的性命、搜刮我們的命氣，取走很多有情的性命。此處是回遮他們前來搜刮命氣。

འཇིགས་པ་ཆེན་པོ་བརྒྱད་དང་བཅུ་དྲུག་ཟློག༔

回遮八大怖及十六怖

བདག་ཅག་འཁོར་བཅས་བཀྲ་མི་ཤིས་པ་ཟློག༔

回遮我等眷屬不吉祥

དམ་སྲི་འགོང་པོའི་མཐུ་སྟོབས་ནུས་པ་བཟློག༔

回遮厲鬼貢波之威力

回遮一切八大怖畏以及十六種怖畏，回遮我等所有人的一切不吉祥。世間界裡的厲鬼、貢波鬼等製造傷害者具有很大的威力，此處要回遮他們所有的威力。就這樣了，沒有別的要講的了，可以了吧。

如果要廣大地講說，是可以廣大地解釋。我們在此是略釋，我也不會廣大解說。如果是由一位博學的上師開講，可以講個一天、一個月。這次彷彿就是放著大海不管，而望著一攤口水，他（指秋竹仁波切）明明很有學問，偏偏要我來講解，我於是不違背他的意思而講解了。

你們以後在唸誦煙供法的時候，主要要好好修悲心，在好好修悲心之下來唸煙供是很好的。希望各位以後好好遵守業因果。我們得到了人身，是不會活很久的。在死去的時候，在前往中陰之際，要能夠帶上些許佛法、善業。在行善方面，儘管只做得到一個小小的善，也不要想說那只是小小的，仍需去行持。在罪惡方面，要從小惡開始斷除。如此行善斷惡，好好遵守業因果，以後你們在死去的時候，就不會感到恐懼，會認為：「我在世間擁有人身的時候，有做到如此如此。」要能夠具備這樣的想法。

我們在未死之前，要開心地過日子。如果家庭裡面有爭吵、跟鄰人有紛爭，人生就不會快樂了。死時會心安地想：「我有活得開開心心的。」如果在臨終時是想到：「我這輩子全都是跟人吵吵鬧鬧。」如此一來絕對不會開心。所以說，第一是要開心生活，第二要好好修行佛法，你們的根本上師在這邊，他會講授佛法，懇請大家要照著他教導的好好實修。就這樣了，我沒有別的要說的了。

5

揚唐仁波切所著的蓮師祈請文

གུ་རུའི་ཐུགས་རྒྱུད་བསྐུལ་བའི་གསོལ་འདེབས་བཞུགས།

〈召喚蓮師心意祈請文〉

時間：一九八三年二月二十二日（藏曆水豬年一月初十）

地點：印度措貝瑪（蓮花湖）

བླ་མ་གུ་རུ་རིན་པོ་ཆེད་མཁྱེན་ནོ།།

喇嘛咕如仁波切克千諾

上師蓮花生大士眷知！

སྤྱིར་སེམས་ཅན་ཡོངས་དང་ཁྱད་པར་དུ་བདག་ཅག་དུས་ངན་དུ་སྐྱེས་པའི་ལས་ངན་པའི་སེམས་ཅན་
རྣམས་ལ་གུ་རུ་ཡབ་ཡུམ་ཉིད་ལས་རེ་ལྟོས་གཞན་ན་མ་མཆིས་པས་གུ་རུ་རིན་པོ་ཆེ་ཁྱེད་ལ་བརྟེན་ནོ།།

基森間永堂，克巴圖達架土恩土給北，雷恩貝森間南拉，
咕如雅雲尼雷，惹對賢那瑪企北，咕如仁波切克拉登諾！

總的全體有情，特別是我等投生於惡時的惡業有情們，除了蓮師父母尊以外，別無其他寄託處，是故依靠您蓮花生大士也！

ཁྱེད་ལ་རེའོ།།

克拉惹歐

寄望於您！

ཐུགས་རྗེས་གཟིགས་ཤིག།

圖界斯細

大悲觀視！

ཁྱོད་ཀྱི་ཐུགས་རྗེའི་ཤུགས་མྱུར་དུ་མྱུར་ལ་ད་ལྟ་ཉིད་དུ་བྱིན་གྱིས་བརླབས་པར་མཛད་དུ་གསོལ།།

奎己圖傑秀紐土穹拉，塔達尼土琴己拉巴澤土梭

祈請您的大悲力迅速到來，就在當下賜予加持！

ལས་ཉོན་གྱི་དྲི་མ་དག་པར་མཛད་དུ་གསོལ།།

雷年己尺瑪塔巴澤土棱

祈請淨化業惑之塵垢！

སྡུག་བསྔལ་གྱི་རྒྱ་མཚོ་སྐེམ་པར་མཛད་དུ་གསོལ།།

堵俄己嘉措更巴澤土棱

祈請使痛苦的大海枯竭！

བཙན་ཐབས་ཉིད་དུ་སྨིན་ཅིང་གྲོལ་བར་མཛད་དུ་གསོལ།།

贊塔尼土明金垂瓦澤土棱

祈請強力成熟及解脫（我等有情）！

སྟན་ཐོག་འདི་ཉིད་དུ་འཁྲུལ་པ་དབྱིངས་སུ་ཆོད་པར་བྱིན་གྱིས་བརླབ་ཏུ་གསོལ།།

登透迪尼土，出巴音素卻巴，琴己拉度棱

祈請就在這一修座裡，加持讓迷亂斷除於法界之中！

འགྲོ་བ་འདྲེན་པའི་དེད་དཔོན་དམ་པར་མྱུར་བ་ཉིད་དུ་དབུགས་དབྱུང་དུ་གསོལ།།

周瓦正貝特奔坦巴，紐瓦尼土烏永土棱

祈請慰諭我迅速成爲殊勝引領眾生之主！

ཨོཾ་ཨཱཿ ཧཱུྃ་ཧྲཱིཿ

嗡阿吽舍

འོད་དཔག་མེད་མགོན་ཆོས་སྐུའི་མཁའ་དབྱིངས་སུ།།

瑋巴美袞卻固卡英素

無量光佛法身空界中

ཐུགས་རྗེ་ཆེན་པོའི་འོད་སྣང་རབ་རྒྱས་པ།།

圖傑千波瑋囊惹給巴

盛大綻放大悲心光明

བདག་ཅག་གདུལ་བྱའི་ཡིད་མཚོར་ཤར་བའི་མགོན།།

達架堵切以湊夏維袞

我等所化心海顯現主

སྐུ་གསུམ་ལྷུན་གྲུབ་པད་འབྱུང་ཡབ་ཡུམ་ལ།།

固松倫竹貝炯雅雲拉

任運三身蓮師父母尊

གསོལ་བ་འདེབས་སོ་ཐུགས་རྗེས་མྱུར་དུ་གཟིགས། །

梭瓦德搜圖傑紐度斯

祈請您以大悲速眷顧

སིནྡྷུའི་མཚོ་གླིང་པདྨའི་སྡོང་པོའི་རྩེར། །

森帝湊林貝美東波澤

辛度湖島蓮花莖頂端

གདོས་བཅས་ཤ་ཁྲག་ལུས་མེད་མཚན་དཔེའི་སྐུ། །

對界夏查呂美參貝固

相好莊嚴不具血肉軀

ཟག་བྲལ་ཐིག་ལེ་འོད་སྐུར་ཤར་བའི་ལྷ། །

薩車替雷瑋固夏維哈

現爲離漏明點光身天

རང་བྱུང་ཆེན་པོ་པད་འབྱུང་ཡབ་ཡུམ་ལ། །

壤穹千波貝炯雅雲拉

自生大士蓮師父母尊

གསོལ་བ་འདེབས་སོ་ཐུགས་རྗེས་མྱུར་དུ་གཟིགས། །

梭瓦德搜圖傑紐度斯

祈請您以大悲速眷顧

དུས་གསུམ་རྒྱལ་བ་སྲས་བཅས་ཐམས་ཅད་ཀྱིས། །

圖松給瓦瑟界壇皆己

三世一切諸佛及菩薩

དགོངས་པ་གཅིག་གིས་དུས་ངན་འདི་ལ་གཟིགས། །

貢巴計己土恩迪拉斯

同一密意觀視此惡世

མཐུ་སྟོབས་གཅིག་བསྡུས་པད་འབྱུང་སྐུ་རུ་བཞེངས། །

圖斗計度貝烔古如賢

威神總集蓮花生一身

མ་རུངས་འདུལ་མཛད་བདུད་ཀྱི་གཤེད་ཆེན་པོ། །

瑪容堵澤堵己謝千波

行使降伏惡眾屠魔者

ཧེ་རུ་ཀ་དཔལ་པད་འབྱུང་ཡབ་ཡུམ་ལ།།

嘿如嘎巴貝炯雅雲拉

蓮師父母威德嘿如嘎

གསོལ་བ་འདེབས་སོ་ཐུགས་རྗེས་མྱུར་དུ་གཟིགས།།

梭瓦德搜圖傑紐度斯

祈請您以大悲速眷顧

མདོ་རྒྱུད་ཐེག་རིམ་དཀྱིལ་འཁོར་སོ་སོ་ཡི།།

斗局特仁金扣搜搜以

經續乘次壇城各自之

སྐྱབས་ཡུལ་རྒྱ་མཚོ་ཇི་སྙེད་མ་ལུས་ཀུན།།

架瑜嘉措企涅瑪呂袞

一切無餘諸皈境大海

སྤྲོ་དང་བསྡུ་བའི་བྱེད་པོ་ཁྱེད་ཉིད་གཅིག།

周堂堵爲切波克尼計

您乃唯一行使收放者

སྤྱི་དཔལ་ཆེན་པོ་པད་འབྱུང་ཡབ་ཡུམ་ལ། །

計巴千波貝炯雅雲拉

總大豐饒蓮師父母尊

གསོལ་བ་འདེབས་སོ་ཐུགས་རྗེས་མྱུར་དུ་གཟིགས། །

梭瓦德搜圖傑紐度斯

祈請您以大悲速眷顧

མི་འབྱེད་འཇིག་རྟེན་སོ་དྲུག་ལ་སོགས་པར། །

米節己燈搜竹拉搜巴

三十六個娑婆世界等

ཁྱེད་ཀྱི་སྤྲུལ་པས་འཇིག་རྟེན་ཡོངས་ལ་ཁྱབ། །

克己珠北己燈永拉恰

您之幻化周遍全世間

མཐའ་ཀླས་འགྲོ་བའི་སྐྱབས་མགོན་རིན་པོ་ཆེ། །

塔雷周維架袞仁波切

無量眾生怙主仁波切

གཅིག་ཏུ་མ་ངེས་པད་འབྱུང་ཡབ་ཡུམ་ལ། །

計度瑪俄貝炯雅雲拉

非僅獨尊蓮師父母尊

གསོལ་བ་འདེབས་སོ་ཐུགས་རྗེས་མྱུར་དུ་གཟིགས། །

梭瓦德搜圖傑紐度斯

祈請您以大悲速眷顧

སྟོབས་བཅུའི་དབང་ཕྱུག་ཤཱཀྱའི་རྒྱལ་པོ་ཡི། །

斗句汪去夏佳給波以

十力自在釋迦王佛之

ཉི་ཞལ་ནུབ་ནས་འགྲོ་བ་ཉམས་ཐག་ཚེ། །

尼協努內周瓦釀塔策

日顏殞落眾生甚可憫

ཁྱོད་ནི་སྟོན་པའི་ཞལ་སྐྱིན་མཚུངས་མེད་གཅིག །

奎尼敦貝協金聰美計

您乃導師無比之代表

ཉམས་ཐག་འགྲོ་བ་ཡོངས་ཀྱི་དཔལ་དུ་ཤར། །

釀塔周瓦永己巴土夏

顯爲一切可憐眾生主

མཆོག་གི་སྤྲུལ་སྐུ་པད་འབྱུང་ཡབ་ཡུམ་ལ། །

秋己珠固貝炯雅雲拉

殊勝化身蓮師父母尊

གསོལ་བ་འདེབས་སོ་ཐུགས་རྗེས་མྱུར་དུ་གཟིགས། །

梭瓦德搜圖傑紐度斯

祈請您以大悲速眷顧

བསྟན་ལ་གནོད་པའི་མི་དང་མི་མིན་ཚོགས། །

登拉諾貝米堂米明湊

傷害教法人及非人眾

རྡོ་རྗེའི་མཐུ་ཡིས་མངོན་པར་ཚར་བཅད་ནས། །

斗節圖以溫巴擦界內

以金剛力現前殲滅後

འཛམ་གླིང་མཐའ་དབུས་ཆོས་ཀྱི་གང་བར་མཛོད།།

贊林塔玉卻己康瓦澤

傳法遍滿世間各方隅

ཐུབ་བསྟན་བདག་པོ་པད་འབྱུང་ཡབ་ཡུམ་ལ།།

圖登達波貝炯雅雲拉

釋教之主蓮師父母尊

གསོལ་བ་འདེབས་སོ་ཐུགས་རྗེས་མྱུར་དུ་གཟིགས།།

梭瓦德搜圖傑紐度斯

祈請您以大悲速眷顧

འཇིག་རྟེན་འདི་ན་ཆེ་བཙན་དྲེགས་པ་ཡི།།

己登迪納切贊哲巴以

此世間中強猛驕惡之

རང་རྒྱུད་ཁེངས་པའི་མི་དང་མི་མིན་ཚོགས།།

壤局肯貝米堂米明湊

自心傲慢人及非人眾

ཁྱེད་ཀྱིས་དབང་དུ་མ་བསྒྱུར་འགའ་ཡང་མེད།།

克己汪土瑪局嘎揚美

無有不被您所攝御者

སྲིད་པ་གསུམ་ན་ཆེ་བའི་རིག་སྔགས་འཆང་།།

斯巴松納切維日阿強

於三有中持殊勝明咒

མཐུ་སྟོབས་ཆེན་པོ་པད་འབྱུང་ཡབ་ཡུམ་ལ།།

圖斗千波貝炯雅雲拉

大威神力蓮師父母尊

གསོལ་བ་འདེབས་སོ་ཐུགས་རྗེས་མྱུར་དུ་གཟིགས།།

梭瓦德搜圖傑紐度斯

祈請您以大悲速眷顧

བསྟན་ཞབས་ཟབ་མོ་གཏེར་གྱིས་གསོ་བའི་ཕྱིར།།

登俠薩莫德己搜維企

爲以甚深伏藏與聖教

ས་སྟེང་ཐམས་ཅད་ཟབ་མོའི་གཏེར་གྱིས་བཀང་། །

薩登壇皆薩莫德己剛

大地之上遍滿深伏藏

སྙིགས་དུས་སེམས་ཅན་རྗེས་སུ་འཛིན་པ་ལ། །

尼度森間傑素增巴拉

對於濁時攝受諸有情

ལྷག་པའི་དགོངས་པ་མངའ་བའི་ཐུགས་རྗེ་ཅན། །

哈貝共巴阿維圖皆間

具有超勝密意大悲尊

བཀའ་དྲིན་ཆེན་པོ་པད་འབྱུང་ཡབ་ཡུམ་ལ། །

嘎正千波貝炯雅雲拉

大恩大德蓮師父母尊

གསོལ་བ་འདེབས་སོ་ཐུགས་རྗེས་མྱུར་དུ་གཟིགས། །

梭瓦德搜圖傑紐度斯

祈請您以大悲速眷顧

མདོར་ན་དུས་གསུམ་སངས་རྒྱས་ཐམས་ཅད་ཀྱིས།།

斗那圖松桑給壇皆己

總之三世所有一切佛

གསང་གསུམ་ཉིད་དུ་རྣམ་དབྱེར་མི་འབྱེད་པའི།།

桑松尼圖南耶米節北

於三密中與您無分別

རྒྱལ་ཚབ་ཆེན་པོ་ཉིད་དུ་དབང་བསྐུར་ནས།།

給擦千波尼土汪局內

灌頂成爲諸佛大補處

རྟག་ཁྱབ་ལྷུན་གྲུབ་འགྲོ་དོན་མཛད་ཚུལ་ནི།།

達恰倫竹周屯澤促尼

恆遍任運行利眾理趣

རྡོ་རྗེའི་ལྡགས་ཀྱིས་ཀྱང་ནི་བརྗོད་པར་དཀའ།།

斗節加己將尼決巴嘎

縱使金剛舌亦難詮説

ཡོན་ཏན་བསམ་ཡས་པད་འབྱུང་ཡབ་ཡུམ་ལ།།

元登散耶貝炯雅雲拉

無量功德蓮師父母尊

གསོལ་བ་འདེབས་སོ་ཐུགས་རྗེས་མྱུར་དུ་གཟིགས།།

梭瓦德搜圖傑紐度斯

祈請您以大悲速眷顧

ཟ་ཧོར་རྒྱལ་ཕྲན་འདི་ཙམ་དོན་དུ་ཡང་།།

薩霍給稱迪贊屯圖揚

僅僅爲利此薩霍小國

མེ་དཔུང་མཚོ་རུ་བསྒྱུར་བའི་རྫུ་འཕྲུལ་སོགས།།

美崩湊如局維組出搜

所示轉火爲湖神幻等

ལས་བཞི་ལྷུན་གྲུབ་ངོ་མཚར་མཛད་སྤྱོད་ལ།།

雷息倫竹歐擦澤決拉

四業任運神奇之行持

རང་ཅག་གིས་ནི་བསམ་པར་ག་ལ་སྤོབས། །

壤架己尼散巴卡拉波

我等心思怎可能揣度

ནམ་མཁའ་ཇི་བཞིན་སེམས་ཅན་ཁམས་མཐའ་ཡས། །

南卡企辛森間堪塔耶

如虛空般有情無邊際

དེ་སྙེད་ཁམས་དབང་བསམ་པའི་བྱེ་བྲག་ཕྱེད། །

提涅堪汪散北切札切

各自根性心思皆不同

ཉིད་ཀྱིས་ཐུགས་རྗེས་འཇུག་པའང་དེ་སྲིད་ལ། །

尼己圖傑句棒提斯拉

您以大悲行持亦如此

དེ་བཞིན་རབ་འབྱམས་རྒྱལ་བའི་ཕྲིན་ལས་ཀྱང་། །

提辛冉江給爲稱雷江

如是無量勝佛之事業

ཁྱེད་ཀྱི་གསང་གསུམ་ཉིད་དུ་རོ་གཅིག་ན།།

克己桑松尼圖柔計那

在您三密之中成一味

གཉིས་སྣང་བློ་ཡིས་བསམ་པའི་ཡུལ་ལས་འདས།།

尼囊樓以散北瑜雷爹

超越二元心識之思考

དེ་ཕྱིར་གུ་རུའི་ཐུགས་རྗེ་བསམ་མི་ཁྱབ།།

提企咕如圖傑散米恰

是故蓮師大悲不思議

ཁྱེད་ཀྱི་གསང་གསུམ་ཡོན་ཏན་རྣམ་ཐར་ལ།།

克己桑松元登南塔拉

您之三密功德諸行儀

བསམ་ཞིང་མོས་གུས་མཆི་མ་གཏིང་ནས་འཁྲུགས།།

散辛莫古企瑪丁內處

虔敬思之淚水直潸流

ཁ་ཙམ་མ་ཡིན་སྙིང་ཁུང་རུས་པའི་གཏིང་།།

卡贊瑪銀寧空如貝丁

發自肺腑非僅口頭說

སྐྱབས་གཞན་མི་འཚོལ་རེ་ལྟོས་ཁྱོད་ལ་བཅོལ།།

架賢米崔惹對奎拉決

不尋他救企盼寄予您

སྐྱིད་སྡུག་ལེགས་ཉེས་ཅི་མཛད་གུ་རུ་མཁྱེན།།

計度雷涅計澤咕如堪

樂苦好壞如何蓮師知

ཁྱོད་ནི་མཐའ་ཀླས་འགྲོ་བའི་མགོན་ལགས་ཀྱང་།།

奎尼塔雷周維袞拉將

您乃無量眾生之怙主

ཁྱད་པར་བོད་ཁམས་འགྲོ་བ་སྐྱོབ་པའི་གཉེན།།

克巴培堪周瓦究北年

尤為救護藏境眾生親

བོད་དུ་དམ་ཆོས་དར་བ་ཁྱོད་གཅིག་དྲིན།།

培土坦卻塔瓦奎計成

惟念您於藏傳揚正法

དེ་བཞིན་བདེ་སྐྱིད་གཞི་མའང་ཁྱོད་གཅིག་པས།།

提新德計息芒奎計北

如是惟念您爲喜樂基

བཀའ་དྲིན་དྲན་ནོ་གུ་རུ་རིན་པོ་ཆེ།།

嘎眞誠諾咕如仁波切

憶念恩德蓮花生大士

ཐུགས་རྗེ་ཆེའོ་གུ་རུ་རིན་པོ་ཆེ།།

圖傑切偶咕如仁波切

大悲心尊蓮花生大士

འོན་ཀྱང་གདོང་དམར་སྤྲེའུའི་ཚ་བོ་རྣམས།།

溫江對瑪哲無擦偶南

然而赤面猿猴之兒孫

དྲན་རྒྱུ་མང་ཞིང་བློ་སྣ་འགྱུར་ཚོག་ཆེ།།

成局芒新樓那局斗切

念頭甚多心思易改變

ཁྱད་པར་བདུད་སྤྲུལ་རྒྱལ་བློན་དབང་བཙན་པས།།

克巴堵珠給倫汪贊貝

尤因魔化王臣大勢力

བོད་ཀྱི་མི་རྣམས་བློ་ཕྱུག་གཏད་ཡུལ་ནོར།།

培己米南樓菩得瑜諾

藏人心繫錯謬之對象

དང་པོར་གུ་རུའི་བཀའ་དྲིན་མ་དྲན་སྡུག།

堂波咕如嘎眞米成堵

首先不念蓮師恩而苦

བར་དུ་གུ་རུའི་ཞལ་ཆེམས་མ་བསྒྲུབ་སྡུག།

帕土咕如協千瑪竹堵

其次不依蓮師囑而苦

ཐ་མ་རང་མགོ་རང་བསྐོར་བོད་ཁམས་སྡུག །

塔瑪壤構攘勾培堪堵

最後自我愚弄西藏苦

སྡུག་གསུམ་སྡུག་གིས་འཁྱེར་བའི་བོད་ཁམས་འགྲོར། །

堵松堵己克維培堪周

於此三重苦逼藏地眾

ཐུགས་རྗེ་སྨྱུར་དུ་གཟིགས་ཤིག་པདྨ་འབྱུང་། །

圖傑紐度斯細貝瑪炯

祈請蓮師大悲速眷顧

བོད་འབངས་དྭ་ཕྲུག་ཡུལ་མེད་ཐང་སྟོང་འཁྱམས། །

培邦達出瑜美堂東強

藏民孤兒離鄉淪曠野

རྒྱུ་འབྲས་མི་ཤེས་མུན་པའི་གཡང་ལ་ལྷུང་། །

局哲米謝門貝央拉隆

不知因果墮落暗深淵

ལྷ་ལ་འདྲེར་བཟུང་འདྲེ་ལ་སྐྱབས་གནས་བཙོལ། །

哈拉哲松哲拉架內決

視神爲鬼復又投靠鬼

དགྲ་ལ་གཉེན་བཟུང་བློ་ཕྱོགས་རྒྱ་ལ་གཏོད། །

札拉年松樓菩甲拉隊

視敵爲親心繫於中國

དགེ་བའི་བཤེས་རྣམས་ལམ་ཁའི་རྡོ་བཞིན་བོར། །

給爲謝南藍克斗新偶

棄善知識有如道旁石

མི་ནག་ཁ་ནས་ཆོས་སྐད་ཐར་ཐར་འདོན། །

米納卡內卻給塔塔敦

惡人口中法語聲聲響

རྒྱུ་འབྲས་འཆོལ་ཉོག་ནག་པོ་ཁ་འབྱམས་སྒྲོད། །

局哲卻紐那波卡強決

胡亂因果恣意惡言語

ཤི་ཚད་ཕལ་ཆེར་ངན་སོང་གནས་སུ་ལྷུང་།།

細策培切恩松內素隆

死後大多墮落惡道中

མནར་མེད་གནས་སུ་སེམས་ཅན་ཆར་བཞིན་འབབ།།

那美內素森間恰新巴

無間地獄有情如雨下

འདི་འདྲའི་དུས་ངན་བོད་ལ་ཤར་བའི་ཚེ།།

頂折土恩培拉夏維策

藏地出現如此惡世時

ཁྱོད་ཀྱི་ཐུགས་རྗེས་མི་གཟིགས་སུ་ཡིས་གཟིགས།།

奎己圖界米斯素以斯

您若大悲不視誰能視

བོད་ཁམས་སྐྱོང་བའི་ཞལ་བཞེས་དུས་ལ་བབས།།

培堪炯維協謝土拉巴

救護西藏承諾正是時

མེ་ལྟར་ཚ་བའི་སྡུག་བསྔལ་འདི་ལ་གཟིགས།།

美達擦維堵俄迪拉斯

請您觀視火燒般痛苦

བསྟན་པ་རྨང་ནས་ཞིག་པ་འདི་ལ་དགོངས།།

登巴芒內息巴迪拉宮

教法基石遭毀請垂思

བདེ་སྐྱིད་ཉི་མ་ཤར་འདྲའི་བོད་ལྗོངས་འདི།།

德計尼瑪夏哲培炯迪

有如安樂日升此藏域

རྨི་ལམ་རྨིས་བཞིན་རྒྱ་ཡི་འོག་ཏུ་སོང་།།

密蘭密新佳以偶度松

睡夢之中落入中國手

ཆོས་སྲིད་ནོར་རྣམས་ཀུན་གྱིས་ཧབ་ཐོབ་འཕྲོག།

卻斯諾南袞己哈透可

彼等擄掠政教眾珍寶

གངས་ལྗོངས་འདྲེན་པ་མཆོག་གི་གཙོ་མཛད་པའི། །

康炯正巴秋己奏澤北

藏域殊勝領袖爲主之

བོད་མི་ཁྱུ་ཞིག་ཕྱི་གླིང་ཡུལ་དུ་བཤོལ། །

培米庫息企林瑜土學

藏人成群流亡至外國

མི་མིན་རྒྱ་འདྲེའི་ཉུལ་མ་རྗེས་སུ་འབྲངས། །

米明佳哲紐瑪傑素章

非人漢鬼間細隨後至

མི་སེམས་འདྲེས་བརླབས་རློ་སེམས་གཉིས་སུ་ཕྱེས། །

迷森哲拉樓森尼素給

心遭鬼摧心智相分離

རྗེ་ལ་མི་བཀུར་རང་ཉིད་ཤྲུང་པོར་རློམ། །

傑拉米固壤尼崇波隆

不遵尊者自以爲聰明

ལྷ་ལ་རྒྱབ་བརྟེན་རྒྱལ་འགོང་ལྷ་རུ་རྩོས།།

哈拉佳登給宮哈如隆

依恃天神以王鬼爲神

སྐྱབས་གནས་ཁྱོད་ལ་རེ་ལྟོས་རྒྱང་དུ་བོར།།

佳內奎拉惹對江土偶

遠遠揚棄希冀皈境您

བོད་འབངས་མི་བདེ་ནང་འཁྲུགས་སྣ་འདྲེན་བྱེད།།

培邦米德囊處那真切

藏民不安受內亂牽引

བསྟན་པ་ནང་དཀྲུགས་རྩོད་པའི་གཞི་མ་བཙུགས།།

登巴囊珠最貝席瑪租

教法内擾立下紛爭基

ང་རྒྱལ་དྲེགས་པས་རང་རྒྱུད་རྭ་ལྷར་རེངས།།

阿給哲貝攘局攘達仁

狂傲自大使自心痲痹

མཁས་པར་རློམས་ཀྱང་གནས་ལུགས་གཏིང་མ་རྟོགས།།

克巴隆江內路丁瑪波

自認博學無能悟實相

ཆོས་པར་རློམས་ཀྱང་ཕྱོགས་རིས་གདོན་གྱིས་ཟིན།།

卻巴隆江秋日敦己森

自認修行偏見魔所持

དམ་པར་སྒྲོ་འདོགས་ལོག་ལྟའི་སྐུལ་མ་བྱེད།།

坦巴周斗樓德固瑪切

妄論聖者鼓勵諸邪見

ཐར་མེད་ངན་སོང་གསུམ་གྱི་ས་བོན་བཏབ།།

塔美恩松松己薩溫達

植下無脫三惡道種子

རང་སེམས་རྒྱ་འདྲེས་བརླབས་པ་ངོ་མ་ཤེས།།

壤森佳哲拉巴偶瑪謝

漢鬼毀壞自心而不知

ང་ཡིན་ང་མཁས་སྙམ་ནས་ལམ་རེ་འཆོལ།།

阿銀阿克釀內蘭惹崔

自以爲是步上錯謬路

བོད་ཁམས་མཐའ་ནས་སྡུག་པའི་དུས་ལ་བབས།།

培堪塔內堵爲圖拉巴

藏地全境痛苦時代臨

མཁྱེན་ཅིག་མཁྱེན་ཅིག་སྐྱབས་གནས་པད་འབྱུང་མཁྱེན།།

堪計堪計架內貝炯堪

眷知眷知皈處蓮師知

གཟིགས་ཤིག་གཟིགས་ཤིག་གངས་ཅན་བོད་ལ་གཟིགས།།

斯細思細康間培拉斯

眷顧眷顧祈眷顧雪域

སྨྲེ་ངག་འོ་དོད་གདུང་ཡུས་ཁྱེད་ལ་འབོད།།

美阿偶陀冬瑜克拉博

傷慟哀戚痛楚呼喚您

མོས་གུས་མཆི་མའི་ཆར་རྒྱུན་འབེབས་ལགས་ན།།

莫古企美恰均北拉納

虔誠淚水如雨直落時

ཁྱེད་ཀྱིས་ཐུགས་རྗེས་གཡེལ་བ་ཅང་བཟོད་དམ།།

克己圖界耶瓦均索坦

您豈能忍豈能忘悲心

ཀྱེ་མ་ཀྱེ་ཧུད་གུ་རུ་རིན་པོ་ཆེ།།

給瑪給呼咕如仁波切

嗚呼哀哉蓮花生大士

རེ་ས་ཁྱོད་ལས་གཞན་མེད་མགོན་པོ་མཁྱེན།།

惹薩奎雷賢美袞波堪

除您無他寄託怙主知

ལས་དང་ཉོན་མོངས་སྡུག་བསྔལ་ཤུགས་དྲག་པོས།།

雷堂紐孟堵俄秀查波

業及煩惱痛苦勢力猛

མནར་ཚེ་ཁྱེད་ལ་བོས་པའི་དེ་མ་ཐག །

那策克拉爲貝提瑪塔

煎熬之時呼喚您即刻

ཐུགས་རྗེ་ཕྲིན་ལས་གློག་བཞིན་མྱུར་དུ་འཁྲུགས། །

圖界稱雷樓新紐土庫

施展大悲事業迅如電

སྡུག་བསྔལ་ཆུ་བོར་བྱིང་བའི་སེམས་ཅན་རྣམས། །

堵俄去歐琴爲森間南

沉淪痛苦川河有情眾

བྱམས་པའི་ཐུགས་རྗེའི་ཕྱག་གིས་མྱུར་དུ་འཛིན། །

強貝圖傑恰己紐度局

慈悲之手迅速伸援手

བཟོད་དཀའི་སྡུག་བསྔལ་འདི་ལས་མྱུར་དུ་སྒྲོལ། །

所給堵俄迪雷紐度卓

由此度脫難忍之痛苦

ལམ་འཕྲང་འཇིགས་པའི་འགག་ལ་ཐུག་པའི་ཚེ། །

藍常吉北嘎拉土貝策

遭逢險路怖畏之障難

ཁྱོད་ཀྱི་ཐུགས་རྗེས་མྱུར་དུ་མི་སྐྱོབས་ན། །

奎己圖界紐度米究那

倘若您不大悲速救護

སངས་རྒྱས་འཕྲིན་ལས་ཆེ་བ་སུ་ལ་ངོམ། །

桑給稱雷切瓦素拉翁

浩大佛行事業向誰示

ལས་ངན་སེམས་ཅན་ཐུགས་རྗེས་མི་སྐྱོབས་ན། །

雷恩森間圖界米究那

若不大悲救惡業有情

ལས་སྐལ་ལྡན་རྣམས་རང་དྲིན་རང་ལ་ཆེ། །

雷給登南攘眞攘拉切

具業緣眾只得靠自己

ཁྱོད་ཀྱིས་ཐུགས་རྗེས་གཟིགས་ཀྱང་དགོས་པ་ཆུང་།།

奎己圖界斯江國巴穹

何需靠您以大悲眷顧

དེ་ཕྱིར་ལས་ངན་འགྲོ་ལ་ཐུགས་རྗེས་གཟིགས།།

提企雷恩周拉圖傑斯

是故大悲眷顧惡業眾

རྨུ་རྒོད་སེམས་ཅན་བློ་སྣ་ཆོས་ལ་བསྒྱུར།།

木過森廣樓那卻拉局

狂野有情心思轉向法

འཛམ་གླིང་མི་བདེའི་ནང་འཁྲུགས་ནད་མུག་ཞི།།

贊林迷德囊處內木息

平息贍洲內亂疾饑苦

མཐུན་པའི་གཞི་མ་ཚུགས་ཤིག་པདྨ་འབྱུང་།།

屯北席瑪促細貝瑪炯

建立符順之基蓮花生

བོད་ཁམས་སྤྱི་དང་རྒྱལ་བའི་བསྟན་པ་ལ།།

培堪計堂給爲登巴拉

總於藏境以及佛聖教

ལྷག་བསམ་ཕན་བདེ་བསྒྲུབ་པ་གང་ཡིན་དེས།།

哈散朋德竹巴康銀特

藉由勝思成辦喜樂力

སྐུ་ཚེ་མི་འགྱུར་རི་བོ་བཞིན་དུ་བརྟན།།

固策明局日歐新土登

壽命不變有如山堅穩

མཛད་འཕྲིན་དགོངས་བཞེད་གེགས་མེད་ཡིད་བཞིན་འགྲུབ།།

澤稱共新給美以新竹

所行所思無礙如意成

ཆོས་སྲིད་མངའ་འབངས་རང་དབང་རང་ལ་འབྱོར།།

卻斯阿邦壤汪壤拉究

政教人民得享其自由

བོད་ཁམས་བདེ་ལ་འགོད་ཅིག་པདྨ་འབྱུང་།།

培堪德拉奎計貝瑪炯

置藏境於安樂蓮花生

མཐའ་དམག་དུཿཁའི་ཁྲག་མཚོ་སྐྱུར་དུ་སྐེམས།།

塔瑪土克查湊紐度根

迅捷枯竭邊軍苦血海

ནང་རུལ་དམ་ཉམས་སྡེ་ཚོགས་གཞོབ་ཏུ་བསྲེགས།།

囊如坦釀德湊秀度瑟

焦焚內腐誓言衰損眾

མི་མཐུན་རྐྱེན་འབྲེལ་རྒུད་པ་དབྱིངས་སུ་ཞི།།

迷屯登哲古巴音素息

不順緣起衰敗界中息

སྔོན་བྱོན་གོང་མའི་ཐུགས་བསྐྱེད་དུས་སུ་སྨིན།།

溫全空美圖給土素明

往昔聖賢發心應時熟

བསྟན་པ་ཉམས་པ་གསོས་ཤིག་པདྨ་འབྱུང་།།

登巴釀巴索細貝瑪炯

請振衰損教法蓮花生

བསྟན་པའི་གཞི་མ་དགེ་འདུན་དར་ཞིང་རྒྱས།།

登貝席瑪給敦塔新給

教法之基僧團廣興傳

ཐུགས་མཐུན་ཁྲིམས་གཙང་བསླབ་པ་གསུམ་གྱིས་ཕྱུག །

圖屯稱藏拉巴松己去

和睦戒淨於三學豐饒

བཤད་སྒྲུབ་བསྟན་པ་ཉི་ཟླ་བཞིན་དུ་གསལ།།

謝竹登巴尼達欣土瑟

講修教法如日月明亮

ཕྱོགས་རིས་ལྟ་ངན་མུན་ཚོགས་དབྱིངས་སུ་ནུབ།།

秋日達恩門湊音素努

偏頗惡見黑暗界中殞

བསྟན་པ་ཡང་དག་སྤེལ་ཞིག་པདྨ་འབྱུང་།།

登巴洋達貝細貝瑪炯

傳揚純正聖教蓮花生

སྔོན་བྱོན་ཆོས་རྒྱལ་གོང་མའི་རྣམ་ཐར་བཞིན།།

溫全卻給空美南塔新

有如往昔歷代法王傳

རྒྱལ་ཁྲིམས་ཆོས་བཞིན་སྐྱོང་བས་བོད་ཁམས་འདིར།།

給稱卻辛炯爲培堪迪

國法如法治理此藏境

ནད་མུག་འཁྲུག་རྩོད་མི་མཐུན་ཀུན་ཞི་ནས།།

內木出最米屯袞息內

平息疾饑諍亂諸不順

ཆོས་དང་སྲིད་ཀྱི་ལེགས་ཚོགས་མ་ལུས་ཀུན།།

卻堂斯己雷湊瑪呂袞

政教一切無餘眾妙善

རྫོགས་ལྡན་དཔལ་ལ་སྦྱོར་ཅིག་པདྨ་འབྱུང་།།

走登巴拉久計貝瑪炯

臻達完美盛世蓮花生

བདག་ཀྱང་འདི་ནས་ཚེ་རབས་གར་བརྒྱུད་ཀྱང་།།

達江迪內策惹卡局將

我亦從今生生世世中

སྐྱབས་གནས་པད་འབྱུང་ཁྱེད་ཀྱིས་རྗེས་བཟུང་ནས།།

架內貝炯克己傑松內

皈境蓮師您予攝受後

གཟུགས་བརྙན་ཙམ་གྱིས་རང་མགོ་མི་བསྐོར་བར།།

素年贊己壤構米勾瓦

莫依形象自我相愚弄

ཚུལ་བཞིན་ཐེག་ཆེན་ལམ་ལ་གནས་པར་ཤོག།

促新特千藍拉內巴秀

願我如理安住大乘道

ལྔ་བརྒྱ་ཐ་མར་བོད་ཀྱི་སེམས་ཅན་རྣམས།།

阿架塔瑪培己森間南

五百末年西藏有情眾

ལས་ངན་དབང་གིས་སྡུག་བསྔལ་རྒྱུན་ཆད་མེད།།

雷恩汪己堵俄均切美

受制惡業痛苦無間斷

ཁྱེད་ཀྱི་རྣམ་ཐར་དྲན་ཞིང་གསོལ་བ་འདེབས།།

克己南塔稱新梭瓦德

憶念您之傳記而祈請

བདག་དང་འགྲོ་དྲུག་སེམས་ཅན་ཐམས་ཅད་ལ།།

達堂周竹森間壇皆拉

我及六道一切有情眾

ཐུགས་རྗེས་གཟིགས་ལ་བྱིན་གྱིས་བརླབ་ཏུ་གསོལ།།

圖傑斯拉琴己拉度梭

祈請大悲眷顧賜加持

ཨོ་རྒྱན་པདྨ་འབྱུང་གནས་ལ་གསོལ་བ་འདེབས།།

歐根貝瑪炯內拉索瓦德

至誠祈請烏金蓮花生

ཅེས་རབ་བྱུང་བཅུ་དྲུག་པའི་བསྐལ་པ་ཆུ་ཕག་ལོའི་ཟླ་བ་དང་པོའི་ཚེས་བཅུ་ལ་རྒྱ་གར་མཚོ་པདྨར་བསྐོར་བ་བྱེད་པའི་སྐབས་གནས་དེའི་རྒྱབ་རི་རྩེ་མོའི་གུ་རུ་ཡབ་ཡུམ་གྱི་སྒྲུབ་གནས་ཀྱང་རྒྱང་ནས་མཇལ། མཚོ་དེའི་འཁོར་ཡུག་གི་བཀོད་པ་རྣམས་ཀྱང་མཐོང་བའི་སྐབས་སྔོན་དུས་གུ་རུ་ཡབ་ཡུམ་གྱི་ངོ་མཚར་བའི་མཛད་སྤྱོད་རྣམ་ཐར་རྣམས་ཡིད་ལ་དྲན་ནས་དད་མོས་ཚད་མེད་སྐྱེས།

ད་ལྟའི་དུས་སྐབས་ཀྱི་སེམས་ཅན་རྣམས་ལས་རེ་ངན་སྐྱམ་ནས་སེམས་དགའ་སྐྱོ་ཟུང་འབྲེལ་ངང་མིག་ནས་མཆི་མ་ཆར་བཞིན་བབས་ནས་དར་ཅིག་ལུས་ཐྲལ་གུ་རུ་ཡབ་ཡུམ་ལ་གསོལ་བ་ཕུར་ཚུགས་སུ་བཏབ་ནས་གསོལ་འདེབས་ལེའུ་བདུན་མའི་ནང་ནས་ཚིག་སྔོན་བཅས་བྲིས་པ་འདིས་ཀྱང་འཛིག་རྟེན་བདེ་བའི་རྒྱུར་གྱུར་ཅིག །མངྒ་ལཾ།། གཡང་ཐང་སྤྲུལ་མིང་པས།།

第十六勝生水豬年一月初十，在印度蓮花湖轉繞時，得以遙望位於此聖地山頂的蓮師父母尊修行處❶。在看著此湖周遭景象時，內心也想到往昔蓮師父母尊的神奇事蹟，生起無量信心與虔敬。想著現今時代眾生之業實在惡劣，在悲喜交織之中，淚如雨下。稍事片刻，一心祈請蓮師父母尊，從《蓮師七品祈請文》中增入詞句，也願此成爲世間安樂之因。芒嘎朗。名爲揚唐祖古者寫。

---

❶蓮師父母尊係指蓮師及薩霍國公主曼達拉娃。修行處係指山中的蓮師閉關石窟，距蓮花湖近半小時車程。

༄ གུ་རུའི་གསོལ་འདེབས་དུས་ངན་འཇིགས་སྐྱོབས་བཞུགས་སོ།

〈蓮師祈請文：救拔惡時怖畏〉

ཀྱེ་མ་སྐྱབས་གནས་ཀུན་འདུས་འགྲོ་བའི་བླ་མ་མཆོག །

給瑪，架內袞度周維喇嘛秋

嗚呼，皈境總集眾生上師尊

སངས་རྒྱས་ཀུན་ལས་ཐུགས་རྗེ་ཕྲིན་ལས་མྱུར། །

桑給袞雷圖界稱雷紐

較佛大悲事業尤爲快

ཡིད་བཞིན་ནོར་བུ་མ་ཧཱ་གུ་རུའི་སྐུ། །

以新諾布瑪哈咕如固

如意寶珠摩訶蓮師身

སྨྲེ་སྔགས་གདུང་བའི་ང་རོས་ཁྱེད་འབོད་ན།།

美阿冬為阿若克貝納

哀戚傷感大喊呼喚您

བོད་ཁམས་ཐུགས་རྗེ་སྐྱོང་བར་ཞལ་བཞེས་བཞིན།།

培堪圖傑炯瓦協謝新

如您承諾大悲護西藏

སྙིགས་དུས་ཉམ་ཐག་འགྲོ་རྣམས་སྐྱོབ་པའི་ཕྱིར།།

尼度釀塔周南卓為企

為度濁時可憐諸眾生

མི་མངོན་དབྱིངས་ནས་ཐུགས་རྗེས་སྤྱན་གྱིས་གཟིགས།།

米溫音內圖傑間己斯

不現界中大悲眼觀視

བཟོད་དཀའི་སྡུག་བསྔལ་འདི་ལས་བསྒྲལ་དུ་གསོལ།།

索給堵俄迪雷哲土梭

祈請度脫難忍此痛苦

སྙིགས་དུས་འགྲོ་རྣམས་བློ་སྣ་ཆོས་ལ་བསྒྱུར། །

尼度周南樓那卻拉局

濁時眾生心思轉向法

བསྟན་ལ་གནོད་པའི་མཐའ་དམག་དུ༔ རུ་ཀ། །

登拉諾北塔瑪土如嘎

危害聖教進犯邊鄙軍

རྒྱལ་འགོང་དམ་སྲི་སྡེ་བརྒྱད་འབྱུང་པོའི་ཚོགས། །

給宮坦斯德給炯波湊

王鬼厲鬼妖魔鬼怪眾

ནད་ཡམས་མུ་གེ་ཡུལ་འཁྲུགས་སྣ་འདྲེན་སོགས། །

內央姆給瑜出那爭搜

疾疫饑荒戰亂逼迫等

ཐམས་ཅད་བཟློག་པའི་ཐུགས་དམ་དུས་ལ་བབས། །

壇皆斗北圖單土拉巴

兌現回遮一切正是時

མངོན་སྤྱོད་དྲག་པོའི་ལས་ཀྱི་ཚར་ཆོད་ཅིག །

溫決查波雷己擦卻計

透過威猛誅業殲滅之

བསམ་དོན་ཆོས་བཞིན་མྱུར་དུ་འགྲུབ་པར་མཛོད། །

散屯卻新紐度竹巴最

祈使心願如法速實現

ཨོཾ་ཨཱཿཧཱུྃ་བཛྲ་གུ་རུ་པདྨ་སིདྡྷི་ཧཱུྃ།

嗡阿吽班匝咕如貝瑪思帝吽

ཞེས་གསོལ་འདེབས་འདི་ཉིད་ཆོས་ཀྱི་དབང་པོས་བྲིས། ཉེས་འགལ་གང་མཆིས་རྩ་གསུམ་སྤྱན་སྔར་བཤགས། །དགེ་བས་འགྲོ་ཀུན་འཇིགས་པ་ཀུན་སེལ་ཤོག །དགེའོ། སརྦ་དཱ་ཀ་ལྱ་ཎཾ་བྷ་ཝནྟུ།

此祈請文由卻紀旺波造。凡有違犯，誠向三根本懺悔，願以此善去除眾生一切怖畏。善哉！薩爾瓦達嘎拉雅南巴望度。

༄ གུ་རུའི་གསོལ་འདེབས་བྱིན་རླབས་མྱུར་སྩོལ་བཞུགས།

〈蓮師祈請文：速賜加持〉

ཨེ་མ་ཧོ།

埃瑪后

甚希奇

ཀ་དག་གདོད་ནས་མཉམ་གྲོལ་ཀློང་།།

嘎達對內釀卓隆

本淨元始等解界

རིག་འཛིན་འགགས་མེད་པདྨ་འབྱུང་།།

仁增嘎美貝瑪炯

持明無滅蓮花生

གཉིས་མེད་ངང་དུ་གསོལ་བ་འདེབས།།

尼美昂土梭瓦德

無二之中誠祈請

གནས་ལུགས་རྟོགས་པར་བྱིན་གྱིས་རློབས།

內路斗巴琴己樓

祈請加持證實相

ཞེས་པའང་ཀུན་བཟང་འཇིགས་མེད་ཆོས་ཀྱི་དབང་པོས་བྲིས་པའོ།

袞桑吉美卻紀旺波造。

༄༅། གུ་རུའི་གསོལ་འདེབས་བཞུགས་སོ།

〈蓮師祈請文〉

ཨེ་མ་ཧོ། །

埃瑪后

甚希奇

རང་སྣང་ཛ་ཡབ་དཔལ་རིའི་གྲོང་ཁྱེར་ན།

壤囊阿亞巴日崇克納

自相妙拂吉祥山城中

རང་རིག་དོན་གྱི་རིག་འཛིན་པདྨ་འབྱུང་། །

壤日屯己仁增貝瑪炯

本覺了義持明蓮花生

རང་ངོ་ཤེས་པའི་ངང་ནས་གསོལ་བ་འདེབས། །

壤偶謝貝昂內梭瓦德

了知本來面目而祈請

གུ་རུ་ཉིད་དང་དབྱེར་མེད་རོ་གཅིག་ཤོག །

咕如尼堂耶美柔計秀

願與蓮師無別成一味

ཨོཾ་ཨཱཿཧཱུྃ་བཛྲ་གུ་རུ་པདྨ་སིདྡྷི་ཧཱུྃ།

嗡阿吽班匝咕如貝瑪思帝吽

གུ་རུ་རིན་པོ་ཆེ་རང་སེམས་དང་དབྱེར་མེད་ཤེས་པའི་ངང་ནས་གསོལ་བ་རྩེ་གཅིག་ཏུ་བཏབ་ན་དངོས་གྲུབ་འབྱུང་བར་ཐེ་ཚོམ་མེད་དོ་ས་མ་ཡ།

若在了知蓮花生大士與自心無別當中一心祈請，將得悉地，無有懷疑。薩瑪亞。

རི་ཁྲོད་པ་ཐུབ་བསྟན་འོད་ཟེར་ནས་བསྐུར་ངོར་གཡང་ཐང་སྤྲུལ་མིང་པས་བྲིས་པ་དགེ་བར་གྱུར་ཅིག མངྒ་ལཾ།། །།

依山間行者圖登偉瑟之請託，名爲揚唐祖古者造。願成善。芒嘎朗。

གུ་རུ་རིན་པོ་ཆེའི་གསོལ་འདེབས།

〈蓮師祈請文〉

時間：二〇〇九年夏天

地點：日本高野山普門院

ཨོ་རྒྱན་རིན་པོ་ཆེ་ལ་གསོལ་བ་འདེབས།།

歐根仁波切拉梭瓦德

至誠祈請烏金仁波切

འདི་ཕྱི་བར་དོ་གསུམ་དུ་ཐུགས་རྗེས་གཟིགས།།

迪企帕斗松土圖界斯

大悲眷顧此後生中陰

ཚེ་འདིའི་མི་འདོད་རྐྱེན་ངན་དབྱིངས་སུ་སོལ། །

策迪米對根恩音素梭

此生不欲惡緣界中除

ཕྱི་མ་བྱང་ཆུབ་ཐོབ་པར་བྱིན་གྱིས་རློབས།

企瑪強去透巴琴己樓

祈請加持來世得菩提

ཨོཾ་ཨཱཿཧཱུྃ་བཛྲ་གུ་རུ་པདྨ་སིདྡྷི་ཧཱུྃ།

嗡阿吽班匝咕如貝瑪思帝吽

ཞེས་གསོལ་བ་རྩེ་གཅིག་བཏབ་ན་བར་ཆད་སེལ་ཞིང་བྱིན་རླབས་འབྱུང་བར་འགྱུར་རོ།

若一心祈求，將可去除障礙、得到加持。

ཅེས་པ་གུ་རུའི་གསོལ་འདེབས་འདི་ཉིད་སློབ་བུ___གིས་སྐུལ་བའི་ངོར་ཉེ་ཧོང་སྤྲུལ་གཟིགས་ཆོས་གླིང་ནས་མདོ་མང་གཡང་ཐང་སྤྲུལ་སྐུས་སོ།

此蓮師祈願文係依弟子ＸＸ之請託，多芒揚唐祖古寫於日本觀音法洲。

གུ་རུའི་གསོལ་འདེབས།

〈蓮師祈請文〉

時間：二〇一三年

地點：香港

རང་རིག་དོན་གྱི་པདྨ་འབྱུང་གནས་ལ།།

攘日屯己貝瑪囧內拉

本覺了義蓮花生大士

ཁྱེད་ཤེས་དྲག་པོས་གསོལ་བ་སྙིང་ནས་འདེབས།།

切謝茶波梭瓦寧內德

猛烈深信至心誠祈求

བྱང་ཆུབ་བར་དུ་འབྲལ་མེད་རྗེས་བཟུང་ནས། །

強去爬土折美傑送內

直至菩提攝受不分離

མཐར་ཐུག་དགོངས་ཀློང་དབྱེར་མེད་རོ་གཅིག་ཤོག །

塔圖拱隆耶昧柔記秀

究竟密意無別融一味

ཨོཾ་ཨཱཿཧཱུྃ་བཛྲ་གུ་རུ་པདྨ་སིདྡྷི་ཧཱུྃ།

嗡啊吽班匝咕如貝瑪思帝吽

གཡང་ཐང་སྤྲུལ་མིང་པས་སོ།།

名爲揚唐祖古者造

附　錄

【附錄一】

〈龍欽寧體上師瑜伽〉❶

多竹千吉美稱列偉瑟　編

ཨེ་མ་ཧོཿ

埃瑪后

甚希奇

རང་སྣང་ལྷུན་གྲུབ་དག་པ་རབ་འབྱམས་ཞིང་ཿ

壤囊倫竹塔巴冉江行

自相任成無限清淨剎

❶出自〈大圓滿龍欽寧體前行課誦彙編：遍知賢道〉。

བཀོད་པ་རབ་རྫོགས་ཟངས་མདོག་དཔལ་རིའི་དབུས༔

貴巴惹走桑斗巴日玉

佈局圓滿銅色祥山中

རང་ཉིད་གཞི་ལུས་རྡོ་རྗེ་རྣལ་འབྱོར་མ༔

壤尼息呂斗節南究瑪

自己基身金剛瑜伽女

ཞལ་གཅིག་ཕྱག་གཉིས་དམར་གསལ་གྲི་ཐོད་འཛིན༔

協計恰尼瑪色尺退增

一面二臂紅亮持刀顱

ཞབས་གཉིས་ངར་སྟབས་སྤྱན་གསུམ་ནམ་མཁར་གཟིགས༔

俠尼斗大間松南卡斯

雙腳站姿三眼望虛空

སྤྱི་བོར་པདྨ་འབུམ་བརྡལ་ཉི་ཟླའི་སྟེང་༔

計窩貝瑪崩達尼登殿

頭頂萬瓣蓮花日月上

སྐྱབས་གནས་ཀུན་འདུས་རྩ་བའི་བླ་མ་དང་༔

架內袞度匝威喇嘛堂

皈境總集根本上師尊

དབྱེར་མེད་མཚོ་སྐྱེས་རྡོ་རྗེ་སྤྲུལ་པའི་སྐུ༔

耶美湊給斗節珠北故

無別海生金剛幻化身

དཀར་དམར་མདངས་ལྡན་གཞོན་ནུའི་ཤ་ཚུགས་ཅན༔

嘎瑪當燈玄努夏促間

白紅光澤童子青春貌

བོད་ཁ་ཆོས་གོས་ཟ་བེར་འདུང་མ་གསོལ༔

培卡卻闊薩威東瑪梭

身穿法衣錦緞披風袍

ཞལ་གཅིག་ཕྱག་གཉིས་རྒྱལ་པོ་རོལ་པའི་སྟབས༔

協計恰尼給波若北達

一面二臂國王遊戲姿

ཕྱག་གཡས་རྡོ་རྗེ་གཡོན་པས་ཐོད་བུམ་བསྣམས༔

恰耶斗節元貝退崩南

右持金杵左手持顱瓶

དབུ་ལ་འདབ་ལྡན་པདྨའི་མཉེན་ཞུ་གསོལ༔

烏拉達登貝美年許梭

頭上戴著具瓣蓮花帽

མཆན་ཁུང་གཡོན་ན་བདེ་སྟོང་ཡུམ་མཆོག་མ༔

千空元那德東雲秋瑪

左腋窩上樂空勝佛母

སྦས་པའི་ཚུལ་གྱི་ཁ་ཊྭཾ་རྩེ་གསུམ་བསྣམས༔

貝北促己卡仗則松南

隱密之姿手持三叉杖

འཇའ་ཟེར་ཐིག་ལེ་འོད་ཕུང་ཀློང་ན་བཞུགས༔

甲瑟提雷瑋朋隆那許

彩虹明點光團中安住

ཕྱི་འཁོར་འོད་ལྔའི་དྲྭ་བས་མཛེས་པའི་གླིང་༔

企扣瑋俄查爲澤北隆

外圍美麗五彩光網界

སྤྲུལ་པའི་རྗེ་འབངས་ཉེ་ཤུ་རྩ་ལྔ་དང་༔

珠北傑棒尼續匝阿堂

幻化王臣二十五尊眾

རྒྱ་བོད་པཎ་གྲུབ་རིག་འཛིན་ཡི་དམ་ལྷ༔

甲培班竹仁增以單哈

藏印智修持明本尊天

མཁའ་འགྲོ་ཆོས་སྐྱོང་དམ་ཅན་སྤྲིན་ལྟར་གཏིབས༔

康卓卻炯坦間眞達帝

空行護法具誓如雲聚

གསལ་སྟོང་མཉམ་གནས་ཆེན་པོའི་ངང་དུ་གསལ༔

瑟東釀內千波昂土瑟

明空大平等住中明觀

ཧཱུྃ༔ ཨོ་རྒྱན་ཡུལ་གྱི་ནུབ་བྱང་མཚམས༔

吽　烏金瑜己努強燦

吽　烏金境之西北隅

པདྨ་གེ་སར་སྡོང་པོ་ལ༔

貝瑪給薩東波拉

蓮花花蕊枝莖上

ཡ་མཚན་མཆོག་གི་དངོས་གྲུབ་བརྙེས༔

揚參秋己沃竹涅

得獲希奇勝悉地

པདྨ་འབྱུང་གནས་ཞེས་སུ་གྲགས༔

貝瑪炯內協素札

名號普傳蓮花生

འཁོར་དུ་མཁའ་འགྲོ་མང་པོས་བསྐོར༔

扣土康卓芒波構

周圍眾多空行繞

ཁྱེད་ཀྱི་རྗེས་སུ་བདག་བསླབ་ཀྱིས༔

克己傑素達主計

我將追隨您修持

བྱིན་གྱིས་བརླབ་ཕྱིར་གཤེགས་སུ་གསོལ༔

琴己拉企謝素梭

祈求前來賜加持

གུ་རུ་པདྨ་སིདྡྷི་ཧཱུྃ༔

咕如貝瑪思帝吽

ཡན་ལག་བདུན་པ་ནི།

七支供養：

ཧྲཱིཿ

舍

བདག་ལུས་ཞིང་གི་རྡུལ་སྙེད་དུ༔

達呂行己度涅土

吾身多如大地塵

རྣམ་པར་འཕྲུལ་པས་ཕྱག་འཚལ་ལོ༔

南巴出北恰策樓

如是幻化誠頂禮

དངོས་བཤམས་ཡིད་སྤྲུལ་ཏིང་འཛིན་མཐུས༔

沃相以珠丁增替

實設意幻禪定力

སྣང་སྲིད་མཆོད་པའི་ཕྱག་རྒྱར་འབུལ༔

囊斯卻貝恰加捕

獻上萬象供養印

སྒོ་གསུམ་མི་དགེའི་ལས་རྣམས་ཀུན༔

構松米給雷南袞

三門一切諸惡業

འོད་གསལ་ཆོས་སྐུའི་ངང་དུ་བཤགས༔

璋瑟卻固昂土夏

光明法身中懺悔

བདེན་པ་གཉིས་ཀྱིས་བསྡུས་པ་ཡི༔

登巴尼計度巴以

凡由二諦之所攝

དགེ་ཚོགས་ཀུན་ལ་རྗེས་ཡི་རང་༔

給湊袞拉傑以壤

一切諸善皆隨喜

ཐེག་གསུམ་ཆོས་འཁོར་བསྐོར་བར་བསྐུལ༔

特松卻扣構瓦固

請轉三乘之法輪

ཇི་སྲིད་འཁོར་བ་མ་སྟོངས་བར༔

企斯扣瓦瑪東帕

直至輪迴未空前

མྱ་ངན་མི་འདའ་བཞུགས་གསོལ་འདེབས༔

孃恩米達許梭德

祈請莫要入涅槃

དུས་གསུམ་བསགས་པའི་དགེ་རྩ་ཀུན༔

圖松薩北給匝袞

三世所積諸善根

བྱང་ཆུབ་ཆེན་པོའི་རྒྱུ་རུ་བསྔོ༔

強去千波局如歐

迴向得大菩提因

༈ རྗེ་བཙུན་གུ་རུ་རིན་པོ་ཆེ༔

傑尊咕如仁波切

至尊蓮花生大士

ཁྱེད་ནི་སངས་རྒྱས་ཐམས་ཅད་ཀྱི༔

克尼桑給壇皆己

您乃一切諸佛之

ཐུགས་རྗེ་བྱིན་རླབས་འདུས་པའི་དཔལ༔

圖傑琴拉堵北巴

大悲加持總集尊

སེམས་ཅན་ཡོངས་ཀྱི་མགོན་གཅིག་པུ༔

森間永己袞基部

一切有情唯一怙

ལུས་དང་ལོངས་སྤྱོད་བློ་སྙིང་བྲང་༔

呂堂隆決樓寧常

身體受用思心胸

ལྟོས་པ་མེད་པར་ཁྱེད་ལ་འབུལ༔

對巴美巴克拉捕

無有遲疑獻予您

འདི་ནས་བྱང་ཆུབ་མ་ཐོབ་བར༔

迪內強去瑪透爬

從今直至得菩提

སྐྱིད་སྡུག་ལེགས་ཉེས་མཐོ་དམན་ཀུན༔

計度雷涅透門袞

樂苦好壞高低等

རྗེ་བཙུན་ཆེན་པོ་པད་འབྱུང་མཁྱེན༔

傑尊千波貝炯肯

至尊蓮師您眷知

ཨོཾ་ཨཱཿཧཱུྃ་བཛྲ་གུ་རུ་པདྨ་སིདྡྷི་ཧཱུྃ།

嗡阿吽班匝咕如貝瑪思帝吽

༈ བདག་ལ་རེ་ས་གཞན་ན་མེད༔

達拉惹薩賢那美

我無其他希冀處

ད་ལྟའི་དུས་ངན་སྙིགས་མའི་འགྲོ༔

塔德土恩尼美周

現今惡時濁世眾

མི་བཟད་སྡུག་བསྔལ་འདམ་དུ་བྱིངས༔

米瑟堵俄單土琴

沉淪無盡苦泥沼

འདི་ལས་སྐྱོབས་ཤིག་མ་ཧཱ་གུ་རུ༔

迪雷究細瑪哈咕如

由此救拔！摩訶上師！

དབང་བཞི་བསྐུར་ཅིག་བྱིན་རླབས་ཅན༔

旺息固計琴拉間

祈賜四灌加持尊

རྟོགས་པ་སྤྲོར་ཅིག་ཐུགས་རྗེ་ཅན༔

斗巴波計土界間

祈傳證悟大悲尊

སྒྲིབ་གཉིས་སྦྱོངས་ཤིག་ནུས་མཐུ་ཅན༔

直尼炯細努土間

祈淨二障神力尊

ཨོཾ་ཨཱཿཧཱུྃ་བཛྲ་གུ་རུ་པདྨ་སིདྡྷི་ཧཱུྃ།

嗡阿吽班匝咕如貝瑪思帝吽

༈ ནམ་ཞིག་ཚེ་ཡི་དུས་བྱས་ཚེ༔

南細策以圖切策

有朝一日壽盡時

རང་སྣང་རྔ་ཡབ་དཔལ་རིའི་ཞིང་༔

壤囊阿亞巴日行

自相妙拂祥山剎

ཟུང་འཇུག་སྒྱུ་མའི་ཞིང་ཁམས་སུ༔

松句珠北行看素

雙運幻化淨土中

གཞི་ལུས་རྡོ་རྗེ་རྣལ་འབྱོར་མ༔

息呂斗節南究瑪

基身金剛瑜伽女

གསལ་འཚེར་འོད་ཀྱི་གོང་བུ་རུ༔

瑟策瑋己空捕如

轉爲明燦之光團

ཕྱུར་ནས་རྗེ་བཙུན་པད་འབྱུང་དང་༔

局內傑尊貝炯堂

爾後與您蓮師尊

དབྱེར་མེད་ཆེན་པོར་སངས་རྒྱས་ཏེ༔

耶美千波桑給德

浩大無別而成佛

བདེ་དང་སྟོང་པའི་ཆོ་འཕྲུལ་གྱིས༔

德堂東貝丘出己

樂與空之神幻變

ཡེ་ཤེས་ཆེན་པོའི་རོལ་པ་ལས༔

耶謝千波若巴雷

廣大本智遊戲中

ཁམས་གསུམ་སེམས་ཅན་མ་ལུས་པ༔

堪松森間瑪呂巴

三界無餘有情眾

འདྲེན་པའི་དེད་དཔོན་དམ་པ་རུ༔

正北特奔坦巴如

成爲殊勝引領主

རྗེ་བཙུན་པདྨ་དབུགས་དབྱུང་གསོལ༔

傑尊貝美悟永梭

至尊蓮師祈慰諭

གསོལ་བ་སྙིང་གི་དཀྱིལ་ནས་འདེབས༔

梭瓦寧己基內德

打從心裡誠祈請

ཁ་ཙམ་ཚིག་ཙམ་མ་ཡིན་ནོ༔

卡贊次贊瑪銀諾

並非隨口說說也

བྱིན་རླབས་ཐུགས་ཀྱི་ཀློང་ནས་སྩོལ༔

琴拉圖己隆內最

從心界中賜加持

བསམ་དོན་འགྲུབ་པར་མཛོད་དུ་གསོལ༔

散屯竹巴澤土梭

祈請實現我心願

ཨོཾ་ཨཱཿཧཱུྃ་བཛྲ་གུ་རུ་པདྨ་སིདྡྷི་ཧཱུྃ།

嗡阿吽班匝咕如貝瑪思帝吽

བརྒྱུད་པའི་གསོལ་འདེབས་ནི།

傳承祈請文：

ཨེ་མ་ཧོཿ

埃瑪后

甚希奇

རྒྱ་ཆད་ཕྱོགས་ལྷུང་བྲལ་བའི་ཞིང་ཁམས་ནས༔

加切丘哄車爲行堪內

遠離殘缺偏頗之淨土

དང་པོའི་སངས་རྒྱས་ཆོས་སྐུ་ཀུན་ཏུ་བཟང་༔

堂波桑給卻固袞度桑

初始佛陀法身普賢王

ལོངས་སྐུ་ཆུ་ཟླའི་རོལ་རྩལ་རྡོ་རྗེ་སེམས༔

隆固曲德若澤斗節森

報身水月遊力金剛薩

སྤྲུལ་སྐུར་མཚན་རྫོགས་དགའ་རབ་རྡོ་རྗེ་ལ༔

珠固參奏嘎惹斗節拉

化身相圓極喜金剛尊

གསོལ་བ་འདེབས་སོ་བྱིན་རླབས་དབང་བསྐུར་སྩོལ༔

梭瓦德搜琴拉旺咕最

至誠祈請賜加持灌頂

ཤྲཱི་སིངྷ་དོན་དམ་ཆོས་ཀྱི་མཛོད༔

師利星哈屯坦卻記澤

師利星哈行持勝義法

འཇམ་དཔལ་བཤེས་གཉེན་ཐེག་དགུའི་འཁོར་ལོས་བསྐྱུར༔

蔣貝謝年特古扣羅局

文殊友尊轉九乘法輪

ཛྙཱ་ན་སཱུ་ཏྲ་པཎ་ཆེན་བི་མ་ལར༔

迦納素札大智卑瑪拉

迦納素札大智無垢友

གསོལ་བ་འདེབས་སོ་གྲོལ་བྱེད་ལམ་སྣ་སྟོན༔

梭瓦德搜垂切藍那敦

至誠祈請賜加持灌頂

འཛམ་བུ་གླིང་གི་རྒྱན་གཅིག་པདྨ་འབྱུང་༔

贊捕林己更記貝瑪炯

贍洲唯一莊嚴蓮花生

ངེས་པར་ཐུགས་ཀྱི་སྲས་མཆོག་རྗེ་འབངས་གྲོགས༔

俄巴圖己瑟丘傑邦抽

確切殊勝心子王臣伴

ཐུགས་གཏེར་རྒྱ་མཚོའི་བདག་འགྲོལ་ཀློང་ཆེན་ཞབས༔

圖德嘉措達卓隆千峽

解密意藏大海龍欽尊

མཁའ་འགྲོའི་དབྱིངས་མཛོད་བཀའ་བབས་འཇིགས་མེད་གླིང་༔

康卓因最嘎巴吉美林

空行界藏教諭吉美林

གསོལ་བ་འདེབས་སོ་འབྲས་བུ་ཐོབ་གྲོལ་སྩོལ༔

梭瓦德搜哲不透垂最

至誠祈請賜得解脱果

ཁ་སྐོང་ནི།

增補部分：

ཆོས་ཀྱི་བདག་པོ་བྱང་ཆུབ་རྡོ་རྗེའི་ཞབས། །

卻己達波強去斗傑峽

佛法之主菩提金剛尊

གྲུབ་བརྙེས་འཇིགས་མེད་རྒྱལ་བའི་སྨྱུ་གུ་དང་། །

竹涅吉美給爲紐固堂

吉美嘉威紐古成就者

སྤྲུལ་པའི་སྐུ་མཆོག་མི་འགྱུར་ནམ་མཁའི་མཚན། །

珠貝固丘明究南克參

殊勝化身不變虛空名

རྒྱལ་བའི་སྲས་པོ་གཞན་ཕན་མཐའ་ཡས་ལ། །

給爲瑟波賢彭塔耶拉

勝佛之子賢遍泰耶尊

གསོལ་བ་འདེབས་སོ་གནས་ལུགས་རང་ཞལ་སྟོན། །

梭瓦德搜內路壤協敦

至誠祈請示實相本顏

ཧེ་རུ་ཀཿ དཔལ་ཡེ་ཤེས་རྡོ་རྗེ་དང་། །

黑如嘎巴耶謝斗節堂

耶謝多傑威德嘿如嘎

ཨོ་རྒྱན་འཇིགས་བྲལ་ཆོས་ཀྱི་དབང་པོའི་ཞབས། །

歐更吉徹卻紀旺波峽

烏金吉徹卻紀旺波尊

གྲུབ་པའི་དབང་ཕྱུག་པདྨ་བཛྲ་དཔལ། །

竹貝旺去貝瑪班匝巴

成就自在貝瑪班匝尊

མཚོ་སྐྱེས་བླ་མ་མཁྱེན་བརྩེའི་དབང་པོ་ལ། །

湊給喇嘛堪澤旺波拉

海生上師欽哲旺波尊

གསོལ་བ་འདེབས་སོ་མཆོག་ཐུན་དངོས་གྲུབ་སྩོལ། །

梭瓦德搜丘屯沃竹最

至誠祈請賜勝共悉地

ཞེས་དང་།

以及：

འཁོར་འདས་ཆོས་ཀུན་སྣ་ཚོགས་རང་སར་གྲོལ། །

扣爹卻袞那湊壤薩垂

輪涅種種諸法就地解

ཀུན་མཁྱེན་འཇིགས་མེད་བསྟན་པའི་ཉི་མ་དང་། །

袞堪吉美登貝尼瑪堂

全知吉美登貝尼瑪尊

སྐྱབས་གནས་ཀུན་འདུས་ཆོས་ཀྱི་བློ་གྲོས་ལ། །

加內袞度確吉羅卓拉

皈境總集確吉羅卓尊

གསོལ་བ་འདེབས་སོ་བདག་རྒྱུད་བྱིན་གྱིས་རློབས། །

梭瓦德搜達局琴己樓

至誠祈請加持我相續

སྲིད་ལས་ངེས་པར་འབྱུང་བའི་ཞེན་ལོག་གིས༔

斯雷俄巴炯爲賢樓己

憑藉厭離輪迴出離心

རྡོ་རྗེའི་བླ་མ་དོན་ལྡན་མིག་བཞིན་བརྟེན༔

斗節喇嘛屯登密行登

具義金剛上師如眼依

ཅི་གསུང་བཀའ་བསྒྲུབ་ཟབ་མོའི་ཉམས་ལེན་ལ༔

紀松嘎竹薩莫釀冷拉

依教奉行甚深之實修

ཧེམ་ཀྲུང་མེད་པའི་བསྒྲུབ་ཚུགས་ཞེ་ཏུས་ཀྱིས༔

登江美北竹粗協如己

藉著毫不懈怠修行志

ཐུགས་རྒྱུད་དགོངས་པའི་བྱིན་རླབས་འཕོ་བར་ཤོག༔

圖局貢貝琴拉頗瓦秀

願傳心續密意之加持

སྣང་སྲིད་འཁོར་འདས་ཡེ་ནས་འོག་མིན་ཞིང༔

囊斯扣爹耶內歐明行

萬象輪涅本是奧明剎

ལྷ་སྔགས་ཆོས་སྐུར་དག་རྫོགས་སྨིན་པའི་འབྲས༔

哈阿卻固塔奏明貝哲

天咒法身淨圓熟之果

སྤང་བླང་བྱ་རྩོལ་མེད་པའི་རྫོགས་པ་ཆེ༔

邦朗恰最美貝走巴切

無有取捨勤作大圓滿

ཤེས་ཉམས་ཡིད་དཔྱོད་ལས་འདས་རིག་པའི་གདངས༔

謝釀以決雷德日北當

超越識受心意明覺澤

ཆོས་ཉིད་མངོན་སུམ་རྗེན་པར་མཐོང་བར་ཤོག༔

卻尼溫松間巴通瓦秀

願赤裸直見法性現前

མཚན་མའི་རྟོག་པ་རྣམ་གྲོལ་འཇའ་ཟེར་སྦུབས༔

參美斗巴南卓甲瑟布

相執妄念全解虹光中

སྐུ་དང་ཐིག་ལེའི་ཉམས་སྣང་གོང་དུ་འཕེལ༔

固堂替雷釀囊空土培

佛身明點之覺受增上

རིག་རྩལ་ལོངས་སྐུའི་ཞིང་ཁམས་ཚད་ལ་ཕེབས༔

日澤隆固行堪策拉培

覺力報身淨土臻正量

ཆོས་ཟད་བློ་འདས་ཆེན་པོར་སངས་རྒྱས་དེ༔

卻瑟樓德千波桑給德

法盡超心大境中成佛

གཞོན་ནུ་བུམ་སྐུར་གདན་སྲིད་ཟིན་པར་ཤོག༔

玄努彭固登斯森巴秀

願於寶瓶身中持恆境

ཤིན་ཏུ་རྣལ་འབྱོར་ཉམས་འོག་མ་ཆུད་དེ༔

新度南究釀歐瑪曲提

若無法入甚深瑜伽中

རགས་ལུས་དྭངས་མའི་དབྱིངས་སུ་མ་གྲོལ་ན༔

惹呂當美英素瑪垂納

粗身不於淨界中得脫

ནམ་ཞིག་ཚེ་ཡི་འདུ་བྱེད་བསྡུང་བའི་ཚེ༔

南細策以度切東爲策

有朝一日壽命終結時

འཆི་བ་འོད་གསལ་ཀ་དག་ཆོས་སྐུར་ཤར༔

企瓦瑋瑟嘎達卻固夏

死光明現爲本淨法身

བར་དོའི་སྣང་ཆ་ལོངས་སྤྱོད་རྫོགས་སྐུར་གྲོལ༔

帕斗囊恰隆決走固垂

中陰顯分於報身解脫

ཁྲེགས་ཆོད་ཐོད་རྒལ་ལམ་གྱི་རྩལ་རྫོགས་ནས༔

徹卻妥嘎藍己澤走內

立斷頓超道力圓滿後

མ་པང་བུ་འཇུག་ལྟ་བུར་གྲོལ་བར་ཤོག༔

瑪邦菩具達布垂瓦秀

願如子入母懷而解脫

གསང་ཆེན་འོད་གསལ་ཐེག་པ་མཆོག་གི་རྩེ༔

桑千瑋瑟特巴丘己澤

殊勝大密光明乘頂巔

སངས་རྒྱས་གཞན་ནས་མི་ཚོལ་ཆོས་སྐུའི་ཞལ༔

桑給賢內米崔卻固協

不於他佛尋覓法身顏

མངོན་གྱུར་གདོད་མའི་ས་ལ་མ་གྲོལ་ན༔

溫局對美薩拉瑪垂納

若不解脫現證元始地

མ་བསྒོམ་སངས་རྒྱས་ཆོས་ལྔའི་ལམ་མཆོག་ལ༔

瑪貢桑給卻俄藍丘拉

不修成佛五法殊勝道

བརྟེན་ནས་རང་བཞིན་སྤྲུལ་པའི་ཞིང་ལྔ་དང་༔

登內壤行珠貝行阿堂

依而得於自然五幻剎

ཁྱད་པར་པདྨ་འོད་ཀྱི་ཕོ་བྲང་དུ༔

克巴貝瑪瑋己剖章土

尤於蓮花光之宮殿中

རིག་འཛིན་རྒྱ་མཚོའི་གཙོ་མཆོག་ཨོ་རྒྱན་རྗེས༔

仁增嘉措奏丘歐更傑

持明海會之首烏金尊

གསང་ཆེན་ཆོས་ཀྱི་དགའ་སྟོན་འགྱེད་པའི་སར༔

桑千卻己嘎敦給北薩

大密法之歡宴暢享地

སྲས་ཀྱི་ཐུ་བོར་སྐྱེས་ནས་དབུགས་དབྱུང་སྩེ༔

瑟己圖歐給內屋永德

投生成爲心子得慰諭

མཐའ་ཡས་འགྲོ་བའི་ཉེར་འཚོར་བདག་འགྱུར་ཤོག༔

塔內周爲涅湊達久秀

願我成爲無邊眾生怙

རིག་འཛིན་རྒྱལ་བ་རྒྱ་མཚོའི་བྱིན་རླབས་དང་༔

仁增給瓦嘉措琴拉堂

持明勝佛海會之加持

ཆོས་དབྱིངས་བསམ་མི་ཁྱབ་པའི་བདེན་པ་ཡིས༔

卻因散米恰貝登巴以

以及法界不可思議諦

དལ་འབྱོར་རྟེན་ལ་རྫོགས་སྨིན་སྦྱངས་གསུམ་གྱིས༔

騰久登拉走明江松己

暇滿所依圓熟淨三者

རྟེན་འབྲེལ་མངོན་གྱུར་སངས་རྒྱས་ཐོབ་པར་ཤོག༔

登哲溫局桑給透巴秀

緣起現前願我得成佛

ཅེས་ཁ་ཞེ་མེད་པར་གསོལ་བ་སྙིང་ནས་གདབ་བོ༔

在無有心口不一之下，誠心祈請。

དབང་བཞི་བླང་བ་ནི།

領受四灌頂：

གུ་རུའི་སྨིན་མཚམས་ནས་ཨོཾ་ཡིག་ཆུ་ཤེལ་ལྟ་བུར་འཚེར་བ་ལས་འོད་ཟེར་འཕྲོས།

咕如明燦內，嗡以去些達布策瓦雷，瑋瑟垂

從蓮師眉間如水晶燦亮的嗡字放出光芒

རང་གི་སྤྱི་བོ་ནས་ཞུགས།

壤己計窩內許

從自己頂門入

ལུས་ཀྱི་ལས་དང་རྩའི་སྒྲིབ་པ་དག

呂己雷堂澤直巴塔

淨化身業及脈障

སྐུ་རྡོ་རྗེའི་བྱིན་རླབས་ཞུགས།

固斗節琴拉許

身金剛加持入

བུམ་པའི་དབང་ཐོབ།

朋貝汪透

得寶瓶灌

བསྐྱེད་རིམ་གྱི་སྣོད་དུ་གྱུར།

給仁己諾土局

成生起次第器

རྣམ་སྨིན་རིག་འཛིན་གྱི་ས་བོན་ཐེབས།

南明仁增己薩溫特

植異熟持明之種子

སྤྲུལ་སྐུའི་གོ་འཕང་ཐོབ་པའི་སྐལ་བ་རྒྱུད་ལ་བཞག

珠固扣旁透北給瓦局拉峽

相續中安置得化身果位緣

མགྲིན་པ་ནས་ཨཱཿ ཡིག་པདྨ་རཱ་ག་ལྟར་འབར་བ་ལས་འོད་ཟེར་འཕྲོས།

正巴內，阿以貝瑪惹卡達巴瓦雷，瑋瑟垂

從喉部如燦爛紅寶石般的阿字放出光芒

རང་གི་མགྲིན་པ་ནས་ཞུགས།

壤己正巴內許

從自己喉部入

ངག་གི་ལས་དང་རླུང་གི་སྒྲིབ་པ་དག

阿己雷堂隆己直巴塔

淨化語業以及氣蓋障

གསུང་རྡོ་རྗེའི་བྱིན་རླབས་ཞུགས།

松斗節琴拉許

語金剛加持入

གསང་བའི་དབང་ཐོབ།

桑威汪透

得祕密灌

བཟླས་བརྗོད་ཀྱི་སྣོད་དུ་གྱུར།

德決己諾土局

成爲口誦之器

ཚེ་དབང་རིག་འཛིན་གྱི་ས་བོན་ཐེབས།

策汪仁增己薩溫特

植壽自在持明種子

ལོངས་སྤྱོད་རྫོགས་པའི་གོ་འཕང་གི་སྐལ་བ་རྒྱུད་ལ་བཞག

隆決奏北扣旁己給瓦局拉峽

相續中安置得報身果位之緣

ཐུགས་ཀའི་ཧཱུཾ་ཡིག་ནམ་མཁའི་མདོག་ཅན་ལས་འོད་ཟེར་འཕྲོས།

圖給吽以南克斗間雷，瑋瑟垂

從心間天空色的吽字放出光芒

རང་གི་སྙིང་ག་ནས་ཞུགས།

壤己寧卡內許

從自己心間而入

ཡིད་ཀྱི་ལས་དང་ཐིག་ལེའི་སྒྲིབ་པ་དག

以己雷堂替雷直巴塔

淨化業及明點之蓋障

ཐུགས་རྡོ་རྗེའི་བྱིན་རླབས་ཞུགས།

圖斗節琴拉許

意金剛加持入

ཤེས་རབ་ཡེ་ཤེས་ཀྱི་དབང་ཐོབ།

謝惹耶謝己汪透

得到了智慧灌頂

བདེ་སྟོང་ཙཎྜ་ལིའི་སྣོད་དུ་གྱུར།

德東贊達里諾土局

成爲樂空拙火之器

ཕྱག་རྒྱའི་རིག་འཛིན་གྱི་ས་བོན་ཐེབས།

恰給仁增己薩溫特

植下手印持明種子

ཆོས་སྐུའི་གོ་འཕང་ཐོབ་པའི་སྐལ་བ་རྒྱུད་ལ་བཞག

卻固扣旁透北給瓦局拉峽

相續中安置得法身果位緣

སླར་ཡང་ཐུགས་ཀའི་ཧཱུྃ་ལས་ཧཱུྃ་ཡིག་གཉིས་པ་ཞིག་སྐར་མདའ་འཕངས་པ་བཞིན་དུ་ཆད།

拉揚圖給吽雷，吽以尼巴息嘎達旁巴形土且

再從心間吽字放出如箭射出般的第二個吽字

རང་སེམས་དང་ཐ་དད་མེད་པར་འདྲེས།

壤森堂塔特美巴哲

與自心融爲無分別

ཀུན་གཞིའི་ལས་དང་ཤེས་བྱའི་སྒྲིབ་པ་སྦྱངས།

袞席雷堂謝切直巴江

淨化含藏❷業及所知障

ཡེ་ཤེས་རྡོ་རྗེའི་བྱིན་རླབས་ཞུགས།

耶謝斗節琴拉許

本智金剛加持入

---

❷含藏即阿賴耶。

ཚིག་གིས་མཚོན་པ་དོན་དམ་གྱི་དབང་ཐོབ།

次己村巴屯單己汪透

得到詞句象徵勝義灌

ཀ་དག་རྫོགས་པ་ཆེན་པོའི་སྣོད་དུ་གྱུར།

嘎達走巴千波諾土局

成爲本淨大圓滿之器

ལྷུན་གྲུབ་རིག་འཛིན་གྱི་ས་བོན་ཐེབས།

倫珠仁增己薩溫特

植下任成持明種子

མཐར་ཐུག་གི་འབྲས་བུ་ངོ་བོ་ཉིད་སྐུའི་སྐལ་བ་རྒྱུད་ལ་བཞག་གོ

塔圖己哲布偶歐尼固給瓦局拉峽扣

相續中安置得究竟之果自性法身緣

ཨོཾ་ཨཱཿཧཱུྃ་བཛྲ་གུ་རུ་པདྨ་སིདྡྷི་ཧཱུྃ།

嗡阿吽班匝咕如貝瑪思帝吽

དེ་ལྟར་འདོན་བསྒོམ་ཟུང་དུ་འཇུག་པས་ལམ་དབང་བླངས་མཐར།

如是以誦修雙運領受灌頂完畢後，

༔ བླ་མའི་ཐུགས་ཀ་ནས་འོད་ཟེར་དམར་པོ་དྲོད་དང་བཅས་པ་ཞིག་ཕྲལ་གྱིས་བྱུང་བ་བདག་ཉིད་རྡོ་རྗེ་རྣལ་འབྱོར་མར་གསལ་བའི་སྙིང་གར་རེག་པ་ཙམ་གྱིས་འོད་དམར་གྱི་གོང་བུ་ཞིག་ཏུ་གྱུར་ནས་གུ་རུ་རིན་པོ་ཆེའི་ཐུགས་ཀར་ཐིམ་པས་དབྱེར་མེད་རོ་གཅིག་ཏུ་གྱུར་ཞིང་དམིགས་བསམ་བརྗོད་པ་དང་བྲལ་བའི་ངང་ལ་མཉམ་པར་བཞག་གོ །

拉美圖嘎內，瑋瑟瑪波垂堂界巴息，瑋己穹瓦，達尼斗節南究瑪瑟爲，寧卡惹巴贊己，瑋瑪己空布息度局內，咕如仁波切圖嘎廷北，耶美柔計度局新，密散決巴堂車爲昂拉讓巴俠。

從上師心間倏爾放出帶著暖度的紅色光芒，僅僅透過照觸到自觀金剛瑜伽女的心間，自己便化成一個紅光點，融入蓮花生大士心間，成爲無別一味，在遠離所緣、思惟、言詮的境界中入定。

དེ་ལས་ལྡང་ནས།

出定後：

དཔལ་ལྡན་རྩ་བའི་བླ་མ་རིན་པོ་ཆེ། །

班登匝威喇嘛仁波切

具德根本上師仁波切

བདག་གི་སྙིང་གར་པདྨའི་གདན་བཞུགས་ལ། །

達己寧卡貝美登許拉

安住於我心間蓮花座

བཀའ་དྲིན་ཆེན་པོའི་སྒོ་ནས་རྗེས་གཟུང་སྟེ། །

嘎眞千波構內傑松德

祈以浩瀚恩德攝受我

སྐུ་གསུང་ཐུགས་ཀྱི་དངོས་གྲུབ་སྩལ་དུ་གསོལ། །

固松圖己沃竹澤土梭

賜我身語意之諸悉地

དཔལ་ལྡན་བླ་མའི་རྣམ་པར་ཐར་པ་ལ། །

班登拉美南巴塔巴拉

對於具德上師之行儀

སྐད་ཅིག་ཙམ་ཡང་ལོག་ལྟ་མི་སྐྱེ་ཞིང་། །

給計贊揚樓達米給新

僅剎那亦不生顛倒見

ཅི་མཛད་ལེགས་པར་མཐོང་བའི་མོས་གུས་ཀྱིས། །

計澤雷巴通爲莫古己

行持皆觀爲善虔敬中

བླ་མའི་བྱིན་རླབས་སེམས་ལ་འཇུག་པར་ཤོག །

拉美琴拉森拉局巴秀

願上師之加持入我心

སྐྱེ་བ་ཀུན་ཏུ་ཡང་དག་བླ་མ་དང་། །

給瓦袞度揚達喇嘛堂

生生世世不離眞上師

འབྲལ་མེད་ཆོས་ཀྱི་དཔལ་ལ་ལོངས་སྤྱོད་ནས། །

哲美卻己巴拉隆決內

盡享豐饒佛法受用後

ས་དང་ལམ་གྱི་ཡོན་ཏན་རབ་རྫོགས་ཏེ། །

薩堂藍己元登惹奏德

地與道之功德極圓滿

རྡོ་རྗེ་འཆང་གི་གོ་འཕང་མྱུར་ཐོབ་ཤོག །

斗節強可扣旁紐透秀

願速獲得金剛持果位

བསྔོ་བ་ནི།

迴向：

དགེ་བ་འདི་ཡིས་སྐྱེ་བོ་ཀུན། །

給瓦迪以給瓦袞

願以此善生生中

བསོད་ནམས་ཡེ་ཤེས་ཚོགས་རྫོགས་ཤིང་། །

索南耶謝湊走辛

圓滿福慧二資糧

བསོད་ནམས་ཡེ་ཤེས་ལས་བྱུང་བའི། །

索南耶謝雷穹爲

願以福慧之所生

དམ་པ་སྐུ་གཉིས་ཐོབ་པར་ཤོག །

坦巴固尼透巴秀

得到殊妙二佛身

འགྲོ་ཀུན་དགེ་བ་ཇི་སྙེད་ཡོད་པ་དང་། །

周袞給瓦企揑月巴堂

舉凡眾生所有善

བྱས་དང་བྱེད་འགྱུར་དེ་བཞིན་བྱེད་པ་དག །

切堂切久提新切巴塔

過去未來以及正在作

བཟང་པོ་ཇི་བཞིན་དེ་འདྲའི་ས་དག་ལ། །

桑波企新廷札薩塔拉

凡諸賢良如是眾地中

ཀུན་ཀྱང་ཀུན་ནས་བཟང་པོར་རེག་གྱུར་ཅིག །

袞江袞內桑波惹久計

一切皆得觸達賢良境

འཇམ་དཔལ་དཔའ་བོས་ཇི་ལྟར་མཁྱེན་པ་དང་། །

蔣貝巴沃啓達堪巴堂

文殊勇士如何知曉智

ཀུན་ཏུ་བཟང་པོ་དེ་ཡང་དེ་བཞིན་ཏེ། །

袞度桑波提揚提新德

如是普賢菩薩亦如是

དེ་དག་ཀུན་གྱི་རྗེས་སུ་བདག་སློབ་ཅིང་། །

提達袞己傑素達樓金

我隨彼等一切而修學

དགེ་བ་འདི་དག་ཐམས་ཅད་རབ་ཏུ་བསྔོ། །

給瓦迪達坦間惹度歐

此等一切眾善盡迴向

དུས་གསུམ་གཤེགས་པའི་རྒྱལ་བ་ཐམས་ཅད་ཀྱིས། །

圖松謝北給瓦壇皆己

三世出現一切之諸佛

བསྔོ་བ་གང་ལ་མཆོག་ཏུ་བསྔགས་པ་དེ། །

歐瓦康拉丘度阿巴德

如何盛讚殊勝之迴向

བདག་གི་དགེ་བའི་རྩ་བ་འདི་ཀུན་ཀྱང་། །

達己給爲匝瓦迪袞江

我亦以此一切諸善根

བཟང་པོ་སྤྱོད་ཕྱིར་རབ་ཏུ་བསྔོ་བར་བགྱི། །

桑波決企惹度歐瓦己

爲普賢行之故盡迴向

སྨོན་ལམ་ཁྱད་པར་བ་ནི།

特別發願：

གང་དུ་སྐྱེས་པའི་སྐྱེ་བ་ཐམས་ཅད་དུ། །

康土給北給瓦坦間土

於何投生一切生世中

མཐོ་རིས་ཡོན་ཏན་བདུན་ལྡན་ཐོབ་པར་ཤོག །

透日元登敦登透巴秀

願得具足善趣七功德

སྐྱེ་མ་ཐག་ཏུ་ཆོས་དང་འཕྲད་གྱུར་ཅིང་། །

給瑪塔度卻堂徹久金

願投生後旋即值遇法

ཚུལ་བཞིན་བསྒྲུབ་པའི་རང་དབང་ཡོད་པར་ཤོག །

促新竹貝壤汪月巴秀

具有如理修行之自由

དེར་ཡང་བླ་མ་དམ་པ་མཉེས་བྱེད་ཅིང་། །

提揚喇嘛坦巴涅切金

復得使殊勝上師歡喜

ཉིན་དང་མཚན་དུ་ཆོས་ལ་སྤྱོད་པར་ཤོག །

寧堂參土卻拉決巴秀

日以繼夜行持佛法中

ཆོས་རྟོགས་ནས་ནི་སྙིང་པོའི་དོན་བསྒྲུབ་སྟེ། །

卻斗內尼寧波屯竹德

證悟法後修成心要義

ཚེ་འདིར་སྲིད་པའི་རྒྱ་མཚོ་བརྒལ་བར་ཤོག །

策迪斯北嘉措給瓦秀

願於此生橫渡輪迴海

སྲིད་པར་དམ་པའི་ཆོས་རབ་སྟོན་བྱེད་ཅིང་། །

斯巴坦北卻惹敦切金

於輪迴中教示聖正法

གཞན་ཕན་བསྒྲུབ་ལ་སྐྱོ་ངལ་མེད་པར་ཤོག །

賢朋竹拉究俄美巴秀

願無疲厭修持利他行

རླབས་ཆེན་གཞན་དོན་ཕྱོགས་རིས་མེད་པ་ཡིས། །

拉千賢屯丘日美巴以

藉由平等偉大利他行

ཐམས་ཅད་ཕྱམ་གཅིག་སངས་རྒྱས་ཐོབ་པར་ཤོག །

坦間強己桑給透巴秀

普願一切眾生共成佛

【附錄二】

༄། །རིག་པ་འགྱུར་མེད་ཡེ་ཤེས་ཀྱི་སྐྱེས་བུ་ཆེན་པོའི་བླ་མའི་རྣལ་འབྱོར་བྱིན་རླབས་མྱུར་འཇུག་ཅེས་བྱ་བ་བཞུགས་སོ། །

〈明覺不變本智大士之上師瑜伽：速注加持〉

米旁仁波切　造

ཡེ་ཤེས་ཀྱི་སྐྱེས་བུ་ཆེན་པའོ་བླ་མའི་རྣལ་འབྱོར་ལྟར་སྒྲུབ་པའི་ཐོག་མར་སྐྱབས་སེམས་ནི།

修持明覺不變大士上師瑜伽，首先皈依：

ཧཱུྃ་ཧྲཱིཿ

吽舍

རྩ་གསུམ་ཀུན་འདུས་གེ་སར་ཡིད་བཞིན་ནོར། །

匝松袞度給薩以新諾

三根總集格薩如意寶

ཁྱེད་ལ་སྐྱབས་སུ་མཆིའོ་སེམས་ཅན་ཀུན། །

克拉架素企偶森間袞

皈依於您一切有情眾

སྲིད་གསུམ་འཁོར་བའི་སྡུག་བསྔལ་རྒྱ་མཚོ་ལས། །

斯松扣威堵爲嘉措雷

三有輪迴痛苦大海中

མྱུར་དུ་སྒྲོལ་བའི་མཐུ་ནུས་བདག་ལ་སྩོལ།

紐土卓爲圖女達拉最

賜我迅速度脱之大力

ལན་གསུམ།

以上唸三遍

ཡན་ལག་བདུན་པ།

七支供養：

ཨ་དགྲ་ལྷའི་རྒྱལ་པོ་རིག་སྟོང་གཉུག་མེད་གཤིས། །

阿　札雷給波日東紐美細

阿　戰神之王覺空原始性

རང་ངོ་ཤེས་པའི་ངང་ནས་བཏྲ་ཕྱག་འཚལ། །

壤偶謝北昂內達恰策

了知本來面目而頂禮

དངོས་འབྱོར་ཡིད་སྤྲུལ་ཕྱི་ནང་མཆོད་སྤྲིན་འབུལ། །

沃久以竹企囊卻眞捕

實有意幻外內供雲獻

ཉོངས་པ་གང་མཆིས་ཁྱེད་ལ་སྙིང་ནས་བཤགས། །

農巴康企克拉寧內夏

向您誠心懺悔所有罪

གསང་གསུམ་རྣམ་ཐར་རྒྱ་མཚོར་རྗེས་ཡི་རང་། །

桑松南塔嘉措傑以壤

三密解脫大海我隨喜

མཐའ་ཀླས་འགྲོ་བ་འདུལ་བར་ཐུགས་དམ་བསྐུལ། །

塔雷周瓦堵瓦圖單咕

召請調化無量有情意

གདན་དུ་མི་བསླུའི་བློ་གདད་ཁྱོད་ལ་འཆའ། །

登土米呂樓德奎拉恰

永不欺誑心思寄託您

མཁའ་ཁྱབ་ཕན་བདེའི་དཔལ་དུ་རྟག་གྱུར་པ། །

卡恰朋德巴土達局巴

恆爲遍空利樂之豐饒

ཐམས་ཅད་མཁྱེན་པའི་ཡེ་ཤེས་བདག་སྒྲུབ་ཀྱི། །

壇皆肯北耶謝達竹己

我要成辦一切遍知智

སྲས་བཅས་རྒྱལ་བའི་ཕྲིན་ལས་དཔའ་བོ་ཡིས། །

瑟界給爲稱雷巴沃以

勝佛菩薩事業勇士力

བདག་གི་ཡིད་ལ་རེ་བ་ཡོངས་རྫོགས་མཛོད། །

達己以拉惹瓦永奏最

祈請圓滿吾心諸期盼

དེ་ནས་བླ་མའི་རྣལ་འབྱོར་དངོས་ནི།

爾後，上師瑜伽正行：

མདུན་ནམ་མཁར་འཇའ་འོད་འཁྲིགས་པའི་ཀློང་། །

敦南卡甲璋赤北隆

前空虹光團廣界

ལྷ་རྩ་གསུམ་དགྲ་ལྷའི་སྤྲིན་ཕུང་ལས། །

哈匝松札雷眞朋雷

三根戰神雲團中

ཕ་སྐྱེས་མཆོག་ནོར་བུ་དགྲ་འདུལ་རྩལ། །

帕給丘諾布佔度澤

聖父珍寶降魔力

བྱིན་ཐིབས་སེ་དགྱེས་ཞལ་ངོམས་བཞིན་བཞུགས། །

琴特瑟給協翁新許

加持滿聚笑顏住

མགོན་རྒྱལ་བ་ཀུན་འདུས་ཐུགས་རྗེ་ཅན། །

袞給瓦袞度圖傑間

勝佛總集大悲怙

དཔལ་ཨོ་རྒྱན་ཆེན་པོའི་སྤྲུལ་པའི་སྐུ། །

巴歐更千波珠北固

烏金大聖幻化身

རྗེ་རིགས་གསུམ་གཅིག་འདུས་སེང་ཆེན་རྒྱལ། །

傑日松計度森千給

三部總集大獅王

བུ་མོས་གུས་བཟོད་མེད་གདུང་ཤུགས་ཀྱིས། །

菩莫古索美東秀己

虔敬難忍感動兒

ཕ་ཁྱོད་ལ་གསོལ་བ་སྙིང་ནས་འདེབས། །

帕奎拉索瓦寧內德

誠心祈請父親您

ཐུགས་འོད་གསལ་འཕོ་འགྱུར་མེད་པའི་ངང་། །

圖瑋瑟頗局美北昂

無轉光明心意中

བྱམས་སྙིང་རྗེའི་སྤྲིན་ཆེན་རྟག་ཏུ་འཁྲིགས། །

強寧皆眞千達度赤

慈悲大雲恆常聚

ལས་སྨོན་ལམ་མཐུན་པའི་གདུལ་བྱ་ལ། །

雷門藍屯北堵瓦拉

業願道順之所化

བྱིན་བཙན་ཐབས་འབེབས་པའི་ཐུགས་རྗེ་ཅན། །

琴增塔貝北圖皆間

猛霖加持大悲尊

དཔལ་དགྲ་ལྷའི་སྐུ་ཆས་རེ་རེར་ཡང་། །

巴札雷固切惹惹揚

威德戰神各裝束

ལྷ་རྩ་གསུམ་དཀྱིལ་འཁོར་གྲངས་ལས་འདས། །

哈匝松金扣常雷德

三根壇城不可數

དྲན་ཙམ་གྱིས་བྱིན་རླབས་དབང་ཆེན་ཐོབ། །

成贊己琴拉汪千透

念即得加持灌頂

ཡབ་དཔའ་བོའི་བྲོ་བརྡུངས་ཁྲབས་སེ་ཁྲབ། །

亞巴沃抽冬查瑟查

父尊勇父舞翩然

ཡུམ་དཔའ་མོའི་གླུ་ལེན་ཤ་ར་ར། །

雲巴莫路冷夏惹惹

母尊勇母歌嘹亮

རྟ་འདོད་རྗེའི་ཏེར་སྒྲ་ལྷངས་སེ་ལྷང་། །

達斗節黑札杭瑟杭

馬王嘶鳴聲震響

དཔའ་དགྲ་བླའི་བཞད་སྒྲ་ཆེམས་སེ་ཆེམ། །

巴札雷協札千瑟千

威勇戰神笑聲朗

སེམས་མོས་དུང་ཅན་གྱི་སྐྱེ་བོ་ལ། །

森莫冬間己給歐拉

對於誠心之士夫

དམ་མ་གཡེལ་མ་གཡེལ་བྱིན་གྱིས་རློབས། །

坦瑪耶瑪耶琴己樓

莫忘誓言賜加持

ལུས་འདི་ལ་དགྲ་ལྷའི་དཔའ་རྫོང་ཆོས། །

呂迪拉札雷巴宗卻

於身住戰神勇堡

ངག་འདི་ལ་འཕྲུལ་གསུང་དབང་ཞིག་བསྐུར། །

阿迪拉出松汪息咕

於語賜幻語灌頂

སེམས་འདི་ལ་བདེ་སྟོང་རིག་རྩལ་སྤྲོར། །

森迪拉德東日澤波

於心增樂空覺力

རྗེ་ཁྱེད་དང་དབྱེར་མེད་འགྲུབ་པར་ཤོག །

傑克堂耶美竹巴秀

願我與您成無別

བླ་མ་མཁྱེན་ཞེས་ཅི་མང་དང་།

喇嘛千

上師知

盡量多唸此及：

བླ་མ་སྐྱེས་མཆོག་ཡིད་བཞིན་ནོར་བུ་མཁྱེན། །ཞེས་དང་།

喇嘛給丘以新諾布千

上師聖士如意珍寶知

ཨོཾ་ཨཱཿཧཱུྃ་བཛྲ་མ་ཧཱ་གུ་རུ་མ་ཎི་རཱ་ཛ་སརྦ་སིདྡྷི་ཕ་ལ་ཧཱུྃ།

嗡阿吽　班匝瑪哈咕如　瑪尼惹匝　薩爾瓦思帝　帕拉吽

ཞེས་བཟླས་མཐར་རང་དང་དབྱེར་མེད་བློ་འདས་ཆོས་སྐུའི་ངང་དུ་བཞག །

唸誦完畢，在與自己無別、超越心識之法身境界中安住。

བྱིན་རླབས་མྱུར་འཇུག་རིག་རྩལ་བརྡའ་རྟགས་སྟོན། །ཞག་བདུན་གསོལ་བཏབ་རྗེས་སུ་ངེས་པར་འཛིན། །རང་རིག་བློ་འདས་ངང་ནས་སེང་ཆེན་རྗེའི། །བྱིན་རླབས་ཆེ་ཐོབ་རིག་པའི་རྡོ་རྗེས་སྤེལ། །

加持速注覺力示徵象，祈請七日必定得攝受。本覺超心當中大獅尊，獲大加持明覺金剛造。

ཐུན་མཐར་ཉོར་འདུལ་དང་རྟ་རྒྱུག་གསོལ་འདེབས་དབྱངས་སྙན་པོས་བསྒྲགས་པར་བྱའོ། །

修座最後，以悅耳音調唱誦「調伏霍爾」和「賽馬」祈請文。

ཐམས་ཅད་འདུལ་གྱི་ཟླ་༣ཚེས་༢༣ལའོ། །དགེའོ། །མངྒ་ལཾ།།

於「調一切」年之三月二十三日。願善。芒嘎朗。

དེ་ལྟར་གསོལ་བ་བཏབ་པའི་རྟེན་འབྱུང་གིས།།

提達梭瓦達貝登炯己

藉由如是祈請之緣起

རིགས་གསུམ་པད་མའི་སྒྱུ་འཕྲུལ་དགྲ་ལྷའི་རྒྱལ།།

日松貝美古出札黑給

三部蓮師幻化戰神王

ཡིད་ཀྱི་ཨུཏ་པལ་གཞོན་ནུའི་དབུས་བཞུགས་ནས།།

以己烏芭玄努玉許內

於我心之烏芭鮮花住

རེ་འབྲས་ཡིད་བཞིན་འགྲུབ་པའི་དངོས་གྲུབ་སྩོལ།།

惹哲以新竹貝沃竹最

賜我滿足願求之悉地

ཆོས་སྲིད་ལེགས་ཚོགས་འཕེལ་བའི་བར་ཆད་དགྲ།།

卻斯雷湊培爲帕切札

政教善妙興隆障礙敵

བསམ་པ་ཙམ་གྱིས་རྨིང་མེད་ཐུལ་བར་ཤོག།

散巴贊己名美圖瓦秀

願僅思之即摧滅殆盡

【附錄三】

༄། །གེ་སར་གསོལ་བསྡུས་བཞུགས།

〈格薩爾供奉簡軌〉

米旁仁波切　造

ཀྱཻ། འདོད་དོན་ཀུན་འགྲུབ་དགྲ་ལྷ་མཐུ་བོ་ཆེ། །

給！對屯袞竹札哈圖歐切

給！滿諸願望大力戰神尊

རིགས་གསུམ་པདྨའི་སྒྱུ་འཕྲུལ་སེང་ཆེན་རྒྱལ། །

日松貝美古出森千給

三部蓮師幻化大獅王

ནོར་བུ་དགྲ་འདུལ་བཀའ་སྡོད་ཕོ་ཉར་བཅས། །

諾布展度嘎對剖釀界

珍寶降魔暨聽令使者

གསོལ་ལོ་མཆོད་དོ་བསམ་དོན་ཀུན་འགྲུབ་མཛོད། །

梭樓卻斗散屯衰竹最

獻上供養祈滿諸心願

སྒྲུབ་བརྩོན་རྣལ་འབྱོར་གྱི་དབང་ཕྱུག་བིདྱ་དྷ་རིས་གསུང་བསྐུལ་བཞིན་སྒྲུབ་ཁང་བདུད་ལས་རྣམ་རྒྱལ་གླིང་དུ་འཇམ་དཔལ་རྡོ་རྗེས་རྒྱལ་ཟླའི་ཚེས་བདུན་དགེ་བར་བྲིས་པ་འདིས་སྒྲུབ་བརྒྱུད་ཀྱི་བསྟན་པ་རིན་པོ་ཆེ་ཕྱོགས་ཀུན་ལས་རྒྱལ་བར་གྱུར་ཅིག།

依照精勤修行的瑜伽自在者維迪亞達日之請託，蔣貝多傑❶於勝月初七在勝魔洲修行房舍中寫下。願藉此善使修持傳承之珍寶聖教昭勝十方！

---

❶米旁仁波切的一個名號。

【附錄四】

༄༅། །རི་བོ་བསང་མཆོད་ཀྱི་ངག་འདོན་ཁྲིགས་བཀོལ་བཞུགས།

〈山淨煙供課誦彙編〉❶

拉尊南卡吉美　淨相
敦珠法王吉徹耶謝多傑　編

ཨོཾ་སྭ་སྟི།

嗡梭帝

ལྷ་བཙུན་རིག་འཛིན་སྲོག་སྒྲུབ་ཀྱི་མན་ངག་རི་བོ་བསང་མཆོད་ལག་ཏུ་ལེན་པ་ལ།

拉尊《持明命修》竅訣山淨煙供實修法：

---

❶山淨煙供的儀軌版本衆多，此儀軌由敦珠法王吉徹耶謝多傑所編成。揚唐仁波切當時是依照此軌來講解山淨煙供。

གཙང་མའི་སྣོད་དམ་ཐབ་ཏུ་བཟང་ཤིང་སྤོས་སྨན་དཀར་མངར་བསང་སྣ་ཕྱེ་མར་སོགས་གང་འབྱོར་བཀྲ་ཤིས་པའི་མེར་
བསྲེགས་ཤིང་ཆུ་གཙང་བྲན།

在乾淨的容器或是火爐，以吉祥之火焚燒良木、香、藥、白供物、甜供物、煙供粉等所得物品，施灑淨水。

ཐོག་མར་སྐྱབས་འགྲོ་ནི།

首先，皈依：❷

ཨོཾ་ཨཱ༔ ཧཱུྃ༔ མཁའ་མཉམ་སྲིད་ཞིའི་སྐྱབས་ཀུན་སྙིང་པོའི་བཅུད༔

嗡阿吽　卡釀斯細架袞寧波具

嗡阿吽　等空有寂諸皈心要精

དབང་དྲག་རིག་འཛིན་པདྨ་ཐོད་ཕྲེང་རྩལ༔

汪札仁增貝瑪妥稱澤

懷誅持明蓮花顱鬘力

---

❷皈依、發心和七支這些段落的詞句來自拉尊南卡吉美的《持明命修》。

ཁྱེད་སྐུར་སྣང་སྲིད་རྒྱལ་བའི་དཀྱིལ་འཁོར་རྫོགས༔

克古囊斯給爲金扣奏

您身圓具萬有佛壇城

འགྲོ་ཀུན་སྲིད་ལས་བསྒྲལ་ཕྱིར་སྐྱབས་སུ་མཆི༔

周袞斯雷哲企架素企

爲度輪迴眾生而皈依

ལན་གསུམ།

唸三遍

སེམས་བསྐྱེད་ནི།

發心：

གསང་མཆོག་ཡེ་ཤེས་འོད་གསལ་ཐིག་ལེའི་གཞིར༔

桑丘耶謝瑋瑟替雷息

勝密本智明光明點基

འགྲོ་ཀུན་སྒྲིབ་གསུམ་དག་ནས་སྐུ་དང་གསུང་༔

周袞直松塔內固堂松

眾生三障淨後身與語

ཐུགས་ཀྱི་ཐིག་ལེར་ལྷུན་གྲུབ་སྣང་བཞིའི་ངང་༔

圖己替雷倫竹囊息昂

意之明點任成四相中

གཞོན་ནུ་བུམ་སྐུར་གྲོལ་བར་སེམས་བསྐྱེད་དོ༔

玄努朋固垂瓦森給斗

解脫成童瓶身而發心

ལན་གསུམ།

唸三遍

ཡན་ལག་བདུན་པ་ནི།

七支供養：

གཤིས་རིག་མ་བཅོས་གཉུག་མར་ཕྱག་འཚལ་ཞིང་༔

細日瑪決紐瑪恰策新

元始無造覺性中頂禮

གཏིང་མཐའ་བྲལ་བའི་འོད་གསལ་མཆོད་པ་འབུལ༔

丁塔徹為瑋瑟卻巴捕

獻上遠離邊際光明供

འཁོར་བ་མྱང་འདས་མཉམ་ཉིད་ཀློང་དུ་བཤགས༔

扣瓦釀爹釀尼隆土夏

輪迴涅槃平等界中懺

བློ་བྲལ་ཆོས་ཟད་ཆེན་པོར་རྗེས་ཡི་རང་༔

樓車卻瑟千波傑以壤

離心大法盡中修隨喜

ལྷུན་གྲུབ་རྫོགས་པ་ཆེན་པོའི་ཆོས་འཁོར་བསྐོར༔

倫竹走巴千波卻扣構

請轉任成大圓滿法輪

འཁོར་བ་དོང་ནས་སྤྲུགས་པར་གསོལ་བ་འདེབས༔

扣瓦通內竹巴梭瓦德

至誠祈請從根拔輪迴

འཁོར་གསུམ་དམིགས་མཐའ་བྲལ་བའི་ཕ་མཐའ་བསྔོ༔

扣松密塔車爲帕塔歐

三輪離所緣邊而迴向

བདག་བསྐྱེད་ནི།

自生：❸

ཀ་དག་ཆོས་སྐུའི་དབྱིངས་ལས་འགགས་མེད་རྩལ། །

嘎達卻固英雷嘎美澤

本淨法身界中無滅力

པདྨ་ཐོད་ཕྲེང་དཀར་དམར་གཞོན་ཚུལ་མཛེས། །

貝瑪妥稱嘎瑪玄粗澤

蓮師顱鬘白紅童相美

མཚན་དཔེའི་གཟི་འབར་རྡོ་རྗེ་ཐོད་པ་བསྣམས། །

參貝斯巴斗節退巴南

相好燦爛持金杵顱器

མཛེས་བརྗིད་རྒྱན་དང་ཆ་བྱད་ཡོངས་སུ་རྫོགས། །

澤及更堂恰且永素奏

威嚴美飾裝束咸完滿

---

❸從自生蓮師至灑水持咒加持煙供物的部分，係由敦珠法王吉徹耶謝多傑所造。

དམ་ཡེ་གཉིས་མེད་རྒྱལ་ཀུན་འདུས་པའི་གཟུགས། །

坦耶尼美給袞堵北素

誓智無二諸佛總集身

འཁོར་འདས་ཀུན་གྱི་སྤྱི་དཔལ་ཆེན་པོར་གྱུར། །

扣爹袞己計巴千波局

成爲一切輪涅總威尊

ཨོཾ་ཨཱཿཧཱུྃ་བཛྲ་གུ་རུ་པདྨ་སིདྡྷི་ཧཱུྃ།

嗡阿吽班匝咕如貝瑪思帝吽

ཞེས་བརྒྱ་རྩ་ཙམ་བཟླ།

唸誦百遍。

དེ་ནས་བསང་རྫས་རྣམས་རཾ་ཡཾ་ཁཾ་གིས་བསང་སྦྱང་།

之後，以「讓樣康」淨治眾淨煙供物。

སྟོང་པའི་ངང་ལས་བསང་རྫས་ཟག་པ་མེད་པའི་ཡེ་ཤེས་ཀྱི་བདུད་རྩི་འདོད་ཡོན་རྒྱ་མཚོའི་སྤྲིན་ཕུང་མཁའ་ཁྱབ་ཏུ་འགྲོ་བར་གྱུར།

東貝昂雷，桑則撒巴美北，耶謝己堵自對元嘉措眞朋，卡恰度綢瓦局

從空之中，淨煙供物化爲無漏本智甘露妙欲海供雲，放射周遍虛空。

འབྲུ་གསུམ་དང་ནམ་མཁའ་མཛོད་སྔགས་ལན་གསུམ་སོགས་ཀྱིས་བྱིན་བརླབ་ལ། །

以三遍「三字」及「虛空藏咒」等進行加持：

ཨོཾ་ཨཱཿཧཱུྃ།

嗡阿吽

ན་མཿསརྦ་ཏ་ཐཱ་ག་ཏེ་བྷྱོ་བི་ཤྭ་མུ་ཁེ་བྷྱཿསརྦ་ཐཱ་ཁཾ་ཨུདྒ་ཏེ་སྥ་ར་ཎ་ཨི་མཾ་ག་ག་ན་ཁཾ་སྭཱ་ཧཱ།

拿嘛，薩瓦達它卡德，巴右比秀，木給貝，薩瓦它康，屋嘎爹，薩帕惹納，依芒，卡卡納康，梭哈

ཧྲཱུྃ༔ རིན་ཆེན་སྣ་ཚོགས་དྭངས་མའི་སྣོད་ཡངས་སུ༔

仲　仁千那湊當美虐揚素

仲　各式珍寶廣大淨器中❹

འཇིག་རྟེན་སྲིད་པའི་འདོད་རྒུ་དམ་ཚིག་རྫས༔

己登斯貝對古坦次澤

世間所有欲求誓言物

❹山淨煙供實際儀軌從此句開始。

འབྲུ་གསུམ་ཡེ་ཤེས་བདུད་རྩིར་བྱིན་བརླབས་པས༔

竹松耶謝堵自琴拉貝

三字加持成爲智甘露

སྣང་སྲིད་མཆོད་པའི་འདོད་རྒུར་འཁྲིགས་པ་འདི༔

囊斯卻貝對古赤巴迪

萬象紛呈所供之希欲

བླ་མ་ཡི་དམ་ཌཱ་ཀི་ཆོས་སྐྱོང་དང་༔

喇嘛以當達計卻松堂

上師本尊空行及護法

ཕྱོགས་བཅུ་རྒྱལ་བའི་དཀྱིལ་འཁོར་ཇི་སྙེད་དང་༔

丘句給爲金扣企涅堂

十方所有勝佛之壇城

འཛམ་གླིང་གཞི་བདག་རིགས་དྲུག་ལན་ཆགས་མགྲོན༔

贊林息達日竹冷恰準

贍洲地神六道宿債賓

ཁྱད་པར་བདག་གི་ཚེ་འཕྲོག་སྲོག་རྐུ་ཞིང་༔

克巴達己策綢搜古新

尤其搶奪吾壽竊命者

ནད་གཏོང་བར་ཆད་རྩོམ་པའི་འབྱུང་པོ་དང་༔

內東爬且宗北炯波堂

致病製造障難之炯波

རྨི་ལམ་ རྟགས་མཚན་ངན་དང་ལྟས་ངན་རིགས༔

密藍達參恩堂德恩日

惡夢惡徵以及惡兆類

སྡེ་བརྒྱད་མ་རུང་ཆོ་འཕྲུལ་བདག་པོ་དང་༔

爹給瑪容丘出達波堂

凶惡八部以及神變主

ཟས་དང་གནས་དང་ནོར་གྱི་ལན་ཆགས་ཅན༔

瑟堂內堂諾己冷恰間

食物住所財寶之債主

གྲིབ་བདག་སྨྱོ་འདྲེ་ཕོ་གཤིན་མོ་གཤིན་དང་༔

直達紐哲剖辛莫辛堂

晦主瘋鬼男女閻魔眾

གྲི་བོ་ཐེ་རང་གྲོང་སྲིན་འདྲེ་མོ་བཅས༔

尺窩特壤崇森哲莫界

尺窩特壤城刹女鬼等

ལན་ཆགས་དམར་པོའི་མེ་ལ་འཛལ་ཏེ་བསྲེག༔

冷恰瑪波美拉傑德瑟

紅火當中償還焚宿債

རང་རང་ཡིད་ལ་གང་འདོད་འདོད་རྒུའི་ཆར༔

壤壤以拉康對對古恰

各自心中所求滿願雨

ཇི་སྲིད་ནམ་མཁའ་གནས་ཀྱི་བར་ཉིད་དུ༔

企斯南卡內己帕尼圖

乃至只要虛空依舊在

འདོད་པའི་ཡོན་ཏན་ཟད་པ་མེད་པར་བསྔོ༔

對北元登瑟巴美巴歐

迴供所欲妙物無窮盡

བདག་གི་དུས་གསུམ་བསགས་པའི་སྡིག་སྒྲིབ་དང་༔

達己圖松薩北迪直堂

我於三世所積諸罪障

དཀོན་མཆོག་དང་གཞན་དཀོར་ལ་སྤྱད་པ་རྣམས༔

袞丘特辛勾拉界巴南

受用三寶冥陽信財食

སྦྱིན་སྲེག་མེ་མཆོད་འདི་ཡིས་དག་གྱུར་ཅིག༔

金瑟門卻迪以塔久計

祈願藉此火供盡淨化

མེ་ལྕེ་སྣང་སྲིད་གང་བའི་རྡུལ་ཕྲན་རེས༔

美界囊斯康爲堵稱惹

火焰遍滿萬象各火塵

ཀུན་བཟང་མཆོད་པའི་སྤྲིན་ཕུང་མི་ཟད་པ༔

袞桑卻貝眞朋米瑟巴

無盡普賢供養妙雲團

རྒྱལ་བའི་ཞིང་ཁམས་ཡོངས་ལ་ཁྱབ་གྱུར་ཅིག༔

給爲行康永拉恰久計

祈願周遍所有勝佛土

མེ་ལྕེ་ཡེ་ཤེས་འོད་ལྔའི་མཆོད་སྦྱིན་ཟེར༔

美界耶謝瑋俄卻眞瑟

火焰本智五光之供施

རིགས་དྲུག་མནར་མེད་གནས་སུ་ཁྱབ་གྱུར་པས༔

日竹那美內素恰久貝

周遍六道乃至無間獄

ཁམས་གསུམ་འཁོར་བ་འཇའ་ལུས་འོད་སྐུར་གྲོལ༔

堪松扣瓦甲呂瑋固垂

三界輪迴虹光身解脫

འགྲོ་ཀུན་བྱང་ཆུབ་སྙིང་པོར་སངས་རྒྱས་ཤོག༔

周袞強去寧波桑給秀

願眾於菩提藏中成佛

ཨོཾ་ཨཱཿཧཱུྃ༔

嗡阿吽

ཞེས་འབྲུ་གསུམ་བརྒྱ་སྟོང་སོགས་གང་འགྲུབ་མཐར།

在唸誦三種子字百遍、千遍等完畢後：

སྐུ་གསུམ་དག་པ་སྣོད་ཀྱི་གཞལ་ཡས་སུ༔

固松塔巴虐己協耶素

三身清淨器世宮殿中

ཆོས་ལོངས་སྤྲུལ་གསུམ་སྣང་སྲིད་གཟུགས་ཕུང་རྣམས༔

卻隆珠松囊斯素朋南

法報化身萬象諸色蘊

བདུད་རྩིར་ཞུ་བས་འཇའ་འོད་བར་སྣང་གང་༔

堵自許爲甲璋帕囊康

融爲甘露虹光遍滿空

འཁོར་བ་མྱང་འདས་ཟག་མེད་བདུད་རྩིའི་བཅུད༔

扣瓦釀爹薩美堵自具

輪迴涅槃無漏甘露精

ཐོག་མེད་དུས་ནས་ད་ལྟ་ཡན་ཆད་དུ༔

透美圖內塔大言且土

自從無始以來至現在

སྣང་སྲིད་མགྲོན་དུ་འགྱུར་བ་ཡོངས་ལ་བསྔོ༔

囊斯準土局巴永拉歐

迴向獻予萬象一切賓

ས་ལམ་འབྲས་བུའི་ཡོན་ཏན་མཐར་ཕྱིན་ཞིང་༔

薩藍哲布元登塔欽辛

地道果之功德達究竟

ལྟ་སྒོམ་སྤྱོད་པའི་བར་ཆད་ཀུན་བསལ་ནས༔

達貢決北帕且袞瑟內

去除見修行之一切障

མད་བྱུང་ཀུན་བཟང་ཐུགས་ཀྱི་མཁའ་དབྱིངས་སུ༔

美穹袞桑圖己卡英素

絕妙普賢心意虛界中

གཞོན་ནུ་བུམ་སྐུར་གདན་སྲིད་ཟིན་པར་ཤོག༔

玄努朋固登斯森巴秀

願於童瓶身中持恆境

འཁོར་བའི་རྒྱ་མཚོ་ཆེན་པོ་སྟོངས་པའི་མཐར༔

扣爲嘉措千波冬貝塔

掏空浩瀚輪迴大海後

འོག་མིན་པདྨ་དྲྭ་བར་སངས་རྒྱས་ཤོག༔

偶明貝瑪查瓦桑給秀

願於奧明蓮花網成佛

ཕུང་ཁམས་བསྲེག་རྫས་བཀྲག་མདངས་གཟི་བརྗིད་འབར༔

朋堪瑟澤札當斯吉巴

蘊界焚物光輝威嚴熾

དཀར་དམར་བྱང་སེམས་བསྲེག་རྫས་བདེ་སྟོང་འབར༔

嘎瑪強森瑟澤德東巴

白紅菩提焚物樂空燃

སྟོང་ཉིད་སྙིང་རྗེའི་བསྲེག་རྫས་ཆོས་དབྱིངས་གང་༔

冬尼寧皆瑟澤卻因康

空性悲心焚物滿法界

སྣང་སྲིད་འཁོར་འདས་རྡོ་རྗེའི་འོད་ལྔའི་གཞིར༔

囊斯扣豸斗節瑋俄息

萬象輪涅金剛五光基

ལྷུན་གྲུབ་རྫོགས་སངས་རྒྱས་པའི་བསྲེག་རྫས་འབུལ༔

倫竹走桑給北瑟澤捕

獻上任成圓覺之焚物

སྔོན་གྱི་ལན་ཆགས་ཐམས་ཅད་བྱང་གྱུར་ཅིག༔

溫己冷恰壇皆強久記

願得淨除往昔諸宿債

ད་ལྟ་རྒྱུད་ལ་མི་གནས་མཐོལ་ལོ་བཤགས༔

塔大局拉米內透樓夏

當下不住相續發露懺

མ་འོངས་སྒྲིབ་པའི་འཁོར་ལོར་མ་གྱུར་ཅིག༔

瑪翁直貝扣樓瑪局計

願於未來不成蓋障輪

སོ་ཐར་བྱང་སེམས་རིག་པ་འཛིན་པ་ཡི༔

搜塔強森日巴增巴以

別解脱及菩薩持明之

སྡོམ་བཅས་བསླབ་པ་གསང་སྔགས་དམ་ཚིག་རིགས༔

冬介拉巴桑阿坦次日

諸戒學處與密咒誓言

ཚོར་དང་མ་ཚོར་ཉམས་པ་མཐོལ་ལོ་བཤགས༔

湊堂瑪湊釀巴透樓夏

有感無感衰損發露懺

ནད་གདོན་གྲིབ་དང་མི་གཙང་དག་གྱུར་ཅིག༔

內敦直堂米藏塔久計

願除病魔晦氣與不淨

ནད་མུག་མཚོན་གྱི་བསྐལ་པ་ཞི་གྱུར་ཅིག༔

內木村己給巴息久計

願息疾疫饑荒及戰爭

མཐའ་མི་དབུས་སུ་འོང་བའི་བསུན་མ་བཟློག༔

塔米玉素翁爲松瑪斗

回遮進犯中土邊鄙人

ཆོས་མཛད་བླ་མ་གདན་འདྲེན་བར་ཆད་ཟློག༔

卻澤喇嘛登正帕且斗

回遮迎請行法上師障

བོད་ཡུལ་བཀྲ་མི་ཤིས་པའི་ལྟས་ངན་ཟློག༔

培於札米西貝德恩斗

回遮藏地不吉祥惡兆

གཟའ་ཀླུ་རྒྱལ་པོས་སྲོག་དབུགས་སྨྱུད་པ་ཟློག༔

薩路給波搜烏堵巴斗

回遮星曜龍王搜命氣

འཇིགས་པ་ཆེན་པོ་བརྒྱད་དང་བཅུ་དྲུག་ཟློག༔

吉巴千波給堂具竹斗

回遮八大怖及十六怖

བདག་ཅག་འཁོར་བཅས་བཀྲ་མི་ཤིས་པ་ཟློག༔

達架扣界札米西巴斗

回遮我等眷屬不吉祥

དམ་སྲི་འགོང་པོའི་མཐུ་སྟོབས་ནུས་པ་ཟློག༔

坦斯貢波圖鬥努巴斗

回遮厲鬼貢波之威力❺

---

❺山淨煙供實際儀軌到此句為止。

ས་མ་ཡཿ

薩瑪亞

གྲངས་གསོག་ཚེ་སླར་ཡང་། ཧྲཱུྃ༔ རིན་ཆེན་སྣ་ཚོགས་སོགས་ནས། འབྲུ་གསུམ་གང་མང་དང་། སྐུ་གསུམ་དག་པ་སོགས་ཅི་རིགས་མཐར།

在累積數目時，再次從「仲！各式珍寶……」等唸起，盡量多唸三種子字，接著唸誦「三身清淨……」等完畢後：

རྗེས་ནི།

結行：

རྒྱལ་བ་མཆོད་པས་མཉེས་གྱུར་ཅིག །

給瓦卻貝涅久計

願以供養令佛喜

དམ་ཅན་ཐུགས་དམ་སྐོང་གྱུར་ཅིག །

坦間圖單共久計

願酬具誓之心意

རིགས་དྲུག་འདོད་པ་ཚིམས་གྱུར་ཅིག །

日竹對巴層久計

願滿六道之希欲

ལན་ཆགས་ཤ་མཁོན་སྦྱང་གྱུར་ཅིག །

冷恰夏坤江久計

願淨宿債及怨仇

ཚོགས་གཉིས་ཡོངས་སུ་རྫོགས་གྱུར་ཅིག །

湊尼永素走久計

願滿一切二資糧

སྒྲིབ་གཉིས་བག་ཆགས་དག་གྱུར་ཅིག །

直尼帕恰塔久計

願淨二障諸習氣

དམ་པ་སྐུ་གཉིས་ཐོབ་གྱུར་ཅིག །

坦巴固尼透久計

願得殊勝佛二身

སྦྱིན་པ་རྒྱ་ཆེན་གྱུར་པ་འདི་ཡི་མཐུས། །

瑾巴嘉千局巴迪以替

藉此廣大布施之善力

འགྲོ་བའི་དོན་དུ་རང་བྱུང་སངས་རྒྱས་ཤོག །

周爲屯土壤穹桑給秀

願我爲利衆生自生佛

སྔོན་གྱི་རྒྱལ་བ་རྣམས་ཀྱིས་མ་གྲོལ་བའི། །

溫己給瓦南己瑪垂爲

往昔諸佛未度諸群生

སྐྱེ་བོའི་ཚོགས་རྣམས་སྦྱིན་པས་གྲོལ་གྱུར་ཅིག །

給歐湊南瑾貝垂久計

以此布施願彼皆度脫

འབྱུང་པོ་གང་དག་འདིར་ནི་ལྷགས་གྱུར་ཏམ། །

炯波康塔迪尼哈久當

聚於此地炯波鬼怪衆

ས་འམ་འོན་ཏེ་བར་སྣང་འཁོད་ཀྱང་རུང་།།

薩安溫德帕囊奎江容

任彼於地抑或於天空

སྐྱེ་རྒུ་རྣམས་ལ་རྟག་ཏུ་བྱམས་བྱེད་ཅིང་།།

給古南拉達度強且金

願對眾生恆常懷慈愛

ཉིན་དང་མཚན་དུ་ཆོས་ལ་སྤྱོད་པར་ཤོག །

寧堂參土卻拉決巴秀

日以繼夜皆行持佛法

དགེ་བ་འདི་ཡིས་སྐྱེ་བོ་ཀུན།།

給瓦迪以給歐袞

願以此善令眾生

བསོད་ནམས་ཡེ་ཤེས་ཚོགས་རྫོགས་ཤིང་།།

索南耶謝湊走辛

圓滿福智二資糧

བསོད་ནམས་ཡེ་ཤེས་ལས་བྱུང་བའི། །

索南耶謝雷穹爲

並且從福智所生

དམ་པ་སྐུ་གཉིས་ཐོབ་པར་ཤོག །

坦巴固尼透巴秀

得獲殊勝二佛身

འབད་དང་རྩོལ་བས་མ་གོས་པ། །

貝堂作爲瑪奎巴

不被勤作劬勞染

ཡིད་བཞིན་ནོར་བུ་དཔག་བསམ་ཤིང་། །

以新諾布巴散新

如意寶珠滿願樹

སེམས་ཅན་རེ་བ་སྐོང་མཛད་པ། །

森間惹瓦共澤巴

成滿有情諸希願

བསམ་པ་འགྲུབ་པའི་བཀྲ་ཤིས་ཤོག །

散巴竹貝札西秀

心想事成皆吉祥

ཅེས་སོགས་ཤིས་པ་བརྗོད་པས་དགེ་ལེགས་སུ་བྱོ། །

藉著唸誦此等吉祥詞增長善妙。

འདི་ལ་ཕྱག་ལེན་རྒྱས་བསྡུས་སྣ་ཚོགས་ཤིག་སྣང་བ་ལས། འདིར་ནི་རང་གི་བློ་འདོད་ལྟར་སྤྲོས་པ་བསྡུ་བའི་ངག་འདོན་རྒྱུན་ཁྱེར་དུ་བྲིས་པ་སྡེ་གྲོང་སྔགས་པའི་ཕ་ཛྙཱ་ནས་སོ།། །

從廣略各種版本中，於此按自己的希求略加發揮而寫成日修口誦。城鎮咒士老爹加納❼造。

---

❼「加納」為梵音，意為本智，即藏文中的「耶謝」，是敦珠法王名號的一種縮寫。

橡樹林文化 ❖❖ 蓮師文集系列 ❖❖ 書目

JA0001	空行法教	伊喜・措嘉佛母輯錄付藏	260 元
JA0002	蓮師傳	伊喜・措嘉記錄撰寫	380 元
JA0003	蓮師心要建言	艾瑞克・貝瑪・昆桑◎藏譯英	350 元
JA0004	白蓮花	蔣貢米龐仁波切◎著	260 元
JA0005	松嶺寶藏	蓮花生大士◎著	330 元
JA0006	自然解脫	蓮花生大士◎著	400 元
JA0007/8	智慧之光 1/2	根本文◎蓮花生大士／釋論◎蔣貢・康楚	799 元
JA0009	障礙遍除：蓮師心要修持	蓮花生大士◎著	450 元

橡樹林文化 ❖❖ 成就者傳紀系列 ❖❖ 書目

JS0001	惹瓊巴傳	堪千創古仁波切◎著	260 元
JS0002	曼達拉娃佛母傳	喇嘛卻南、桑傑・康卓◎英譯	350 元
JS0003	伊喜・措嘉佛母傳	嘉華・蔣秋、南開・寧波◎伏藏書錄	400 元
JS0004	無畏金剛智光：怙主敦珠仁波切的生平與傳奇	堪布才旺・董嘉仁波切◎著	400 元
JS0005	珍稀寶庫——薩迦總巴創派宗師貢嘎南嘉傳	嘉敦・強秋旺嘉◎著	350 元
JS0006	帝洛巴傳	堪千創古仁波切◎著	260 元
JS0007	南懷瑾的最後 100 天	王國平◎著	380 元
JS0008	偉大的不丹傳奇・五大伏藏王之一 貝瑪林巴之生平與伏藏教法	貝瑪林巴◎取藏	450 元
JS0009	噶舉三祖師：馬爾巴傳	堪千創古仁波切◎著	300 元
JS0010	噶舉三祖師：密勒日巴傳	堪千創古仁波切◎著	280 元
JS0011	噶舉三祖師：岡波巴傳	堪千創古仁波切◎著	280 元
JS0012	法界遍智全知法王——龍欽巴傳	蔣巴・麥堪哲・史都爾◎著	380 元
JS0013	藏傳佛法最受歡迎的聖者—— 瘋聖竹巴袞列傳奇生平與道歌	格西札浦根敦仁欽◎藏文彙編	380 元
JS0014	大成就者傳奇：54 位密續大師的悟道故事	凱斯・道曼◎英譯	500 元
JS0018S	我的淨土到了——多芒揚唐仁波切傳	卻札蔣措◎著	1200 元

橡樹林文化 ❖❖ 善知識系列 ❖❖ 書目

JB0141	邱陽創巴仁波切 當野馬遇見馴師：修心與慈觀	邱陽創巴仁波切◎著	350 元
JB0142	在家居士修行之道—— 印光大師教言選講	四明智廣◎著	320 元
JB0143	光在，心自在 〈普門品〉陪您優雅穿渡生命窄門	釋悟因◎著	350 元
JB0144	剎那成佛口訣——三句擊要	堪祖蘇南給稱仁波切◎著	450 元
JB0145	進入香巴拉之門—— 時輪金剛與覺囊傳承	堪祖嘉培珞珠仁波切◎著	450 元
JB0146	（藏譯中）菩提道次第廣論： 抉擇空性見與止觀雙運篇	宗喀巴大師◎著	800 元
JB0147	業力覺醒：揪出我執和自我中心， 擺脫輪迴束縛的根源	圖丹・卻准◎著	420 元
JB0148	心經——超越的智慧	密格瑪策天喇嘛◎著	380 元
JB0149	一行禪師講《心經》	一行禪師◎著	320 元
JB0150	寂靜之聲——知念就是你的皈依	阿姜蘇美多◎著	500 元
JB0151	我真正的家，就在當下—— 一行禪師的生命故事與教導	一行禪師◎著	360 元
JB0152	達賴喇嘛講三主要道—— 宗喀巴大師的精華教授	達賴喇嘛◎著	360 元
JB0153	輪迴可有道理？—— 五十三篇菩提比丘的佛法教導	菩提比丘◎著	600 元
JB0154	一行禪師講《入出息念經》： 一呼一吸間，回到當下的自己	一行禪師◎著	350 元
JB0155	我心教言——敦珠法王的智慧心語	敦珠仁波切◎著	380 元
JB0156	朗然明性： 藏傳佛教大手印及大圓滿教法選集	蓮花生大士、伊喜・措嘉、 龍欽巴、密勒日巴、祖古・◎著 烏金仁波切等大師	400 元
JB0157	跟著菩薩發願：普賢行願品淺釋	鄔金智美堪布◎著	400 元
JB0158	一行禪師　佛雨灑下—— 禪修《八大人覺經》《吉祥經》 《蛇喻經》《中道因緣經》	一行禪師◎著	380 元

悉地系列　JV0001

蓮師法要：揚唐仁波切教言選集（一）

作　　者／揚唐仁波切
編 譯 者／卻札蔣措
責任編輯／陳怡安
業　　務／顏宏紋

總 編 輯／張嘉芳
出　　版／橡樹林文化
城邦文化事業股份有限公司
104 台北市民生東路二段 141 號 5 樓
電話：(02)2500-7696　傳真：(02)2500-1951
發　　行／英屬蓋曼群島商家庭傳媒股份有限公司城邦分公司
104 台北市中山區民生東路二段 141 號 5 樓
客服服務專線：(02)25007718；25001991
24 小時傳真專線：(02)25001990；25001991
服務時間：週一至週五上午 09:30 ～ 12:00；下午 13:30 ～ 17:00
劃撥帳號：19863813　戶名：書虫股份有限公司
讀者服務信箱：service@readingclub.com.tw
香港發行所／城邦（香港）出版集團有限公司
香港灣仔駱克道 193 號東超商業中心 1 樓
電話：(852)25086231　傳真：(852)25789337
Email：hkcite@biznetvigator.com
馬新發行所／城邦（馬新）出版集團 Cite (M) Sdn Bhd
41, Jalan Radin Anum, Bandar Baru Sri Petaling,
57000 Kuala Lumpur, Malaysia.
電話：(603)90563833　傳真：(603)90576622
Email:services@cite.my

內文排版／歐陽碧智
封面設計／周家瑤
印　　刷／漾格科技股份有限公司

初版一刷／ 2023 年 6 月
ISBN ／ 978-626-7219-36-2
定價／ 460 元

城邦讀書花園
www.cite.com.tw

國家圖書館出版品預行編目（CIP）資料

蓮師法要：揚唐仁波切教言選集．一 / 卻札蔣措編譯．
-- 初版．-- 臺北市：橡樹林文化，城邦文化事業股份有限公司出版：英屬蓋曼群島商家庭傳媒股份有限公司城邦分公司發行，2023.06
面；　公分．--（悉地；JV0001）
ISBN 978-626-7219-36-2（平裝）

1.CST: 藏傳佛教　2.CST: 佛教說法

226.965　　112007076

廣 告 回 函
北區郵政管理局登記證
北 台 字 第 10158 號

郵資已付 免貼郵票

104 台北市中山區民生東路二段 141 號 5 樓

城邦文化事業股份有限公司

橡樹林出版事業部 收

請沿虛線剪下對折裝訂寄回，謝謝！

|橡|樹|林|

書名：蓮師法要：揚唐仁波切教言選集（一） 書號：JV0001

橡樹林文化
讀者回函卡

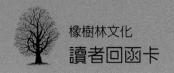

感謝您對橡樹林出版社之支持，請將您的建議提供給我們參考與改進；請別忘了給我們一些鼓勵，我們會更加努力，出版好書與您結緣。

姓名：＿＿＿＿＿＿＿＿＿＿ □女 □男 生日：西元＿＿＿＿＿年

Email：＿＿＿＿＿＿＿＿＿＿＿＿＿＿＿＿＿＿＿＿

● 您從何處知道此書？

□書店 □書訊 □書評 □報紙 □廣播 □網路 □廣告 DM □親友介紹

□橡樹林電子報 □其他＿＿＿＿＿＿＿＿

● 您以何種方式購買本書？

□誠品書店 □誠品網路書店 □金石堂書店 □金石堂網路書店

□博客來網路書店 □其他＿＿＿＿＿＿＿＿

● 您希望我們未來出版哪一種主題的書？（可複選）

□佛法生活應用 □教理 □實修法門介紹 □大師開示 □大師傳記

□佛教圖解百科 □其他＿＿＿＿＿＿＿＿

● 您對本書的建議：

＿＿＿＿＿＿＿＿＿＿＿＿＿＿＿＿＿＿＿＿＿＿＿＿

＿＿＿＿＿＿＿＿＿＿＿＿＿＿＿＿＿＿＿＿＿＿＿＿

＿＿＿＿＿＿＿＿＿＿＿＿＿＿＿＿＿＿＿＿＿＿＿＿

＿＿＿＿＿＿＿＿＿＿＿＿＿＿＿＿＿＿＿＿＿＿＿＿

＿＿＿＿＿＿＿＿＿＿＿＿＿＿＿＿＿＿＿＿＿＿＿＿

非常感謝您提供基本資料，基於行銷及客戶管理或其他合於營業登記項目或章程所定業務需要之目的，家庭傳媒集團（即英屬蓋曼群商家庭傳媒股份有限公司城邦分公司、城邦文化事業股份有限公司、書虫股份有限公司、墨刻出版股份有限公司、城邦原創股份有限公司）於本集團之營運期間及地區內，將不定期以MAIL訊息發送方式，利用您的個人資料於提供讀者產品相關之消費與活動訊息，如您有依照個資法第三條或其他需服務之務，得致電本公司客服。

我已經完全瞭解左述內容，並同意本人資料依上述範圍內使用。

＿＿＿＿＿＿＿＿＿＿＿＿＿＿（簽名）

處理佛書的方式

佛書內含佛陀的法教，能令我們免於投生惡道，並且爲我們指出解脫之道。因此，我們應當對佛書恭敬，不將它放置於地上、座位或是走道上，也不應跨過。搬運佛書時，要妥善地包好、保護好。放置佛書時，應放在乾淨的高處，與其他一般的物品區分開來。

若是需要處理掉不用的佛書，就必須小心謹慎地將它們燒掉，而不是丟棄在垃圾堆當中。焚燒佛書前，最好先唸一段祈願文或是咒語，例如唵（OM）、啊（AH）、吽（HUNG），然後觀想被焚燒的佛書中的文字融入「啊」字，接著「啊」字融入你自身，之後才開始焚燒。

這些處理方式也同樣適用於佛教藝術品，以及其他宗教教法的文字記錄與藝術品。

ཡི་གེ་ཉི་ཤུ་རྩ་དྲུག་པ་འདི་དཔེ་ཆའི་ནང་དུ་བཞག་ན་དཔེ་ཆ་དེ་ཅི་འདྲར་
བགོམས་ཀྱང་ཉེས་པ་མི་འབྱུང་བར་འཛམ་དཔལ་རྩ་རྒྱུད་ལས་གསུངས་སོ། །

此咒置經書中　可滅誤跨之罪